어린이 지식 e — 2 경제의 이해

초판 1쇄 발행 2014년 9월 3일
개정 2쇄 발행 2016년 12월 20일

지은이 | EBS지식채널ⓔ 제작팀

발행처 | 이비에스미디어(주)
발행인 | 김재근
기획 | EBS ⓔ MEDIA 장명선 · DKJS 성준명
글 | 신지윤 **그림** | 민재회 **편집** | 에듀웰

판매처 | ㈜DKJS
출판등록 | 2009년 11월 18일 (제2009-000323호)
주소 | 서울특별시 강남구 강남대로 84길 23, 1408-2호
문의 전화 | (02)552-3243 **팩스** | (02)6000-9376
이메일 | plus@dkjs.com

ISBN 979-11-86082-34-8 (64300)
ISBN 979-11-86082-43-0 (세트)

생각하는 힘을 키워 주는 **감.성.지.식.창.고.**

어린이 지식

경제의
이해

2

EBS 지식채널ⓔ 제작팀

지식플러스

생각하는 지식ⓔ로
세상을 보는 새로운 눈을 떠 보세요

지혜로운 사람이란 어떤 사람일까요? 어떤 문제든지 답을 알고 있는 사람일까요? 아니면 반대로 문제를 만들어 내는 사람일까요? 세상에는 답이 있는 문제가 많지만 정해진 답이 없는 문제도 많아요. 시대와 상황에 따라서 정답이 달라지는 문제도 있고, 사람에 따라 정답이 달라지는 문제도 있지요.

하지만 확실한 건 우리가 앞으로 살아갈 세상은 정해진 답을 따라가기보다 새로운 답을 찾거나 만들어 가는 세상이라는 거예요. 때문에 우리에게는 '세상을 보는 새로운 눈'이 필요해요. 정해진 답을 많이 아는 것보다 상황에 구속되지 않는 열린 사고로 생각하는 힘을 길러야 해요. 그래야 우리가 당연하다고 생각했던 것에 '왜?', '어떻게?'라는 질문을 던질 수 있으니까요. 열린 생각으로 새로운 답을 만날 수 있도록 도와주는 성찰적인 지식이 더욱 필요한 거지요.

EBS 〈지식채널ⓔ〉는 5분 분량의 영상을 통해 성찰적 지식을 제공하는 정보 프로그램이에요. 처음에는 성인들을 대상으로 제작되었지만 프로그램에 대한 관심은 나이를 가리지 않고 생겨났어요. 고정 관념에 구속되지 않는 열린 사고력을 길러 주고 싶은 부모님들을 통해서, 교사들을 통해서 많은 어린이들이 〈지식채널ⓔ〉를 만나고 있지요. 실제로 많은 초등학교에서 〈지식채널ⓔ〉를 수업 자료로 활용하고 있어요. 이를 위한 초등 교사들의 연구 모임이 따로 있을 정도라고 하네요.

하지만 안타까운 점도 있어요. 어린이들의 입장에서는 〈지식채널ⓔ〉를 접할 때 배경 지식이나 정보가 부족한 경우가 많아요. 아무리 좋은 내용이라도 이해하기에 어려움이 있다면 제대로 익힐 수 없겠지요. 때문에 〈지식채널ⓔ〉 제작팀과 여러 전문가들이 머리를 맞댔어요. 그리고 어린이들이 〈지식채널ⓔ〉를 쉽게 이해할 수 있도록 쉬운 글과 관련 정보를 재미있게 보여 주는 〈어린이 지식ⓔ〉가 만들어졌어요. 방송에서 보여 준 내용을 어린이들의 눈높이에 맞춰 흥미롭게 재구성한 책이에요.

〈어린이 지식ⓔ-경제의 이해〉에는 〈지식채널ⓔ〉에 방송된 경제와 관련된 내용들이 담겨 있어요. 혹시 '경제 활동을 하는 어른도 아닌데 우리가 왜 경제를 알아야하지?'라고 생각하나요? 여러분이 깨닫지 못하더라도 여러분은 이미 많은 경제 활동을 하고 있어요. 물건을 사는 것, 방을 청소하는 것, 엄마를 도와 심부름을 하는 것 등 모든 것들이 경제 활동이기 때문이지요. 그리고 지금보다 더 많은 것을 선택하고 책임져야 하는 어른이 되기 위해서도 경제에 대한 지식은 꼭 필요해요. 경제 지식은 우리가 가진 시간, 돈, 재능을 효과적으로 활용할 수 있는 방법을 알려 주기도 하지요.

여러분은 책을 읽다 보면 '왜?', '어떻게?'라는 질문을 끊임없이 만날 수 있을 거예요. 〈어린이 지식ⓔ-경제의 이해〉가 던지는 질문 속에서 여러분의 답을 찾아보세요. 인생을 보다 알차게 가꿔 주는 재미있는 경제 지식들을 통해 자신만의 성찰적 지식을 쌓아갈 수 있을 거예요.

목차

인간 생활과
경제 활동

물물 교환이
시작되었다

01 농경 생활의 동반자, 〈고마운 소〉

★ 농부와 소

논밭에서 밭을 갈거나, 달구지를 끌던 소.
이제는 농사일도 기계화되어 보기 힘든 광경이 되었다.
하지만 신석기 시대에 농경 사회가 시작되고부터 오랜 세월
소는, 농사일에 없어서는 안 되는 중요한 일꾼이자
삶의 동반자였다.

예전엔

송아지가 태어나면

사람이 아기를 낳을 때처럼

대문에 금줄을 쳐 주고

금줄 : 나쁜 일이 생기는 것을 막기
위해서 문이나 길에 매달아 놓은 줄

날씨가 추워지면

짚으로 짠 덕석을 입혀 주고

봄이 오면

먼저 외양간부터 깨끗이 치웠다.

덕석 : 짚으로 멍석처럼 짜서
만든 덮개. 겨울철에 소나 말의 등을
덮어 추위를 막아 줌.

수십 리 장터에 나갈 일이라도 생기면

소의 발굽이 다칠까 염려하며

짚으로 짠 신을 신겨 주었다.

왜 그랬을까?

 옛날에 소는 주로 어떤 일을 했을까요?

11

농경 사회에서 소는
재산 목록 1호였다.

집안의 가장 든든한 일꾼인 동시에
삶의 짐을 같이 나누어지던
가장 가까운 벗, 소.

멍에 : 소가 달구지나 쟁기를
끌 때 목에 거는 막대

멍에를 메고 밭을 갈고
달구지를 끌어 무거운 짐을 옮기고
무거운 돌을 끌어 보리방아를 찧고

보리방아 : 겉보리를 방아에
찧어 보리쌀을 만드는 일

농부와 한 몸이 되어
콧김을 푹푹 내뿜어 대면서
힘든 농사일을 척척 해내었다.

그런 만큼 소의 명절날인

상축일은,

★★ 상축일(上丑日) : 음력 정월의
첫 번째 오는 소날.
축(丑)은 열두 띠 중 소를 상징한다.

소의 노고를 위로하며

콩을 듬뿍 넣은 쇠죽을 먹이는 날

★★ 쇠죽 : 소에게 먹이려고 짚,
콩, 풀 따위를 섞어 끓인 죽

방아를 일체 찧지 않고

소를 편히 쉬게 하는 날

고기를 써는 일을 삼가하고자

도마질을 하지 않는 날로 정해서

소를 아끼고

귀하게 대접했다.

소 우(牛)가 들어간

희생(犧牲)이라는 낱말은

예로부터 하늘에 제를 올릴 때
신성한 제물로 소를 바치는 데서 유래한 말이다.

하늘의 신이나 종묘에 제를 올릴 때
바쳤던 가장 신성한 제물이었던

풍요와 힘을 상징하는 농사의 신으로
귀한 대접을 받았던

> ★★ 종묘 : 조선 왕조의 역대 왕과 왕비의
> 신주를 모시고 제사를 지냈던 곳.
> 왕실의 제례 문화를 보여 주는 문화유산

서두르는 법도
소란을 피우는 일도 거의 없는

느긋하고 온순한 생명
소.

농사를 처음 짓던 신석기 시대부터
1만여 년이 흐르도록
농부의 곁에서 떼려야 뗄 수 없었던

고마운 이
소.

만약 소가 없었다면
농사를 어떻게 지었을까?

사람들은 언제부터 농사를 지었을까?

농사는 신석기 시대부터 짓기 시작했어요. 신석기 초기에는 숲에서 열매를 줍거나 사냥을 해서 식량을 구했어요. 주워 온 열매는 흙으로 만든 그릇에 담아 보관했지요. 그러다가 땅에 떨어진 씨앗에서 싹이 트고 열매가 맺는다는 것을 알게 되었어요. 그래서 씨를 뿌려 농사를 짓게 된 거예요.

신석기 시대의 대표적인 유물인 빗살무늬 토기 안에서 곡식 알갱이가 타다가 남은 재인 탄소 덩어리가 발견된 적이 있어요. 이는 빗살무늬 토기가 곡식을 보관하던 그릇으로 사용된 것임을 말해요. 그리고 경기도 하남시 미사리에서는 갈아 놓은 밭고랑이 발견되기도 했어요. 이는 모두 신석기 시대에 농사를 지었다는 것을 말해 주어요. 농사는 먹을 것을 찾아 떠돌아다니던 인류를 한 곳에 머물러 살게 해 주었어요. 인류는 이렇게 정착 생활을 하게 되면서 문화를 발전시키는 새로운 시대를 열게 되었지요.

사람들은 신석기 시대부터 소를 기르기 시작했어요. 처음에는 고기와 우유를 얻기 위해 소를 길렀지요. 하지만 농사를 짓기 시작하면서부터는 힘든 농사일을 도와주는 가축이 되었어요. 농경 사회에서는 소를 죽이거나 쇠고기를 먹는 것을 금지할 만큼 소를 귀하게 여겼대요. 특히 우리나라에서는 소는 가장 귀한 재산이자 든든한 일꾼으로 여겼지요.

| 고구려 덕흥리 고분

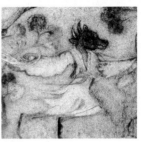
| 고구려 오회분 4 · 5호묘

벽화에 소는 왜 그렸지?

고구려 덕흥리 고분의 남쪽벽 천장에는 견우와 직녀가 그려져 있어요. 물길 같은 은하수가 놓여 있고 직녀는 은하수 건너편에서 소를 끌고 가는 견우를 안타깝게 바라보고 있지요. 이 벽화에 소가 등장하는 이유는 고구려인들이 견우를 농사를 관장하는 신으로 여겼기 때문이에요. 고분의 벽화를 통해서도 소가 농사일과 깊은 관련이 있는 가축이란 것을 알 수 있어요.

중국 만주에 있는 고구려 고분 오회분 4 · 5호묘에도 농사의 신을 그린 벽화가 있어요. 손에 볏단을 든 이는 몸은 사람이지만 머리는 소예요. 이 벽화들을 보면 당시 농업 국가였던 우리나라 사람들이 소를 얼마나 중요하게 여겼는지 짐작이 가지요?

물건끼리 바꾸는 물물 교환, 경제의 시작

소풍 가서 김밥이 먹고 싶은데 내 도시락에는 유부초밥밖에 없다면 어떡할까요? 유부초밥을 친구의 김밥과 바꿔 먹으면 되지요. 이게 바로 물물 교환이에요. 어떤 물건이 필요할 때, 가지고 있는 물건과 필요한 물건을 맞바꾸는 것이지요. 인류가 농사를 짓기 시작한 후 먹을 것이 풍족해지자 사람들은 남은 식량을 가지고 물물 교환을 시작했어요. 곡식과 고기를, 열매와 가죽을 바꾸면서 내가 필요한 물건을 쉽게 얻게 된 것이지요.

02 바다 물길이 열리면 〈고기를 주우러 간다〉

★ 자연이 주는 것만큼만 누린다

옛날 우리 조상들이 바다에 낮은 돌담을 쌓아 놓고
그냥 기다리기만 하면서 고기를 잡던 돌살.
바닷물이 빠진 후 돌살에 남겨진 고기를 줍기만 하면서도
여유롭게 살아왔다. 자연이 주는 것만큼만 받겠다던 조상들의
욕심 없는 마음을 함께 알아보자.

고기를 주우러 간다.

하루에 두 번
바다 물길이 열리면

고기를 주우러 간다.

고기를 줍는다?
고기를 잡는다?

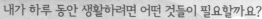

생각해 보기 내가 하루 동안 생활하려면 어떤 것들이 필요할까요?

출렁이는 바다 위에는

고기를 쫓는 배

그 배 위에는

고기를 잡는 어부가 있다.

어부는 커다란 그물을

온몸으로 틀어쥐고

바다에 던진다.

그러나
여기 한 어부는
고기를 잡는 대신

고기를 기다린다.

배도 없이
그물도 없이

낮은 돌담을 쌓아 놓고
고기를 기다린다.

고기를 잡는 대신 기다린다고?
왜 그러는 걸까?

아버지의

아버지의

아버지 때부터

어쩌면 석기 시대부터 쌓아 올린

지혜의 성,

밀물을 따라온 고기가

썰물에 못 빠져나가게 쌓은 돌담,

밀물과 썰물을 이용해서 고기를
잡는 돌살은 서해안 지역에 많다.

돌살.

돌살 : 바닷가에 돌담을 쌓아
물고기를 잡는 옛날 고기잡이 방식

가는 물고기는 보내고
드는 물고기만 잡아도

이웃들과 나누어 가질 수 있을 만큼
충분했던 그 시절

자연이 주는 것만 받겠다는
겸손한 그물
돌살.

자연이 주는 만큼만 받는다고?

그런데
돌살에 드는 고기만 잡아도
충분하던 그 많던 물고기가
지금은 어디로 간 것일까?

커다란 그물을 바다 곳곳에 던져
수평으로 끌어 고기를 잡고
수직으로 펼쳐서 고기를 잡는

똑똑해진 고기잡이 기술 때문에
고기 씨가 마른다.

그리고 이제는 버려진
겸손한 그물
돌살.

그래도
고기잡이를 계속하고 있는
몇몇 개의
돌살.

여전히 하루 두 번
물길이 열리면

고기를 주우러 간다.
고기를 기다린다.

돌살에 들어온 적은 고기만으로도
감사하는 넉넉한 마음.

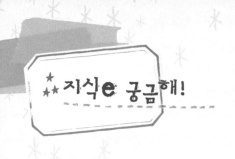
가장 창의적인 그물, 돌살

태안반도의 바닷가를 거닐다 보면 돌로 담을 둘러쌓아서 바다 한 귀퉁이가 수영장처럼 만들어진 곳들을 볼 수 있어요. 바로 '돌살'이에요. 다른 말로는 '독살' 혹은 '돌발'이라고도 하지요. 돌살은 손으로 돌을 쌓아서 만드는데 150미터 정도의 V자 모양으로 만들어요. 엉성할 것 같지만 시간이 지나면 굴딱지들이 다닥다닥 붙어서 돌들이 톱니처럼 서로 맞물리게 해 주기 때문에 견고하고 튼튼하다고 해요. 돌살은 서해안이나 남해안에서만 볼 수 있는데 그 이유는 밀물과 썰물의 조수 차이가 크기 때문이지요. 옛날 돌살에는 물 반 고기 반일 정도로 많은 물고기가 잡혔다고 해요. 그래서 돌살 하나만 가지고 있으면 큰 부자가 될 수 있었고, 좋은 위치의 돌살 하나는 넓은 논밭하고도 안 바꿨대요.

세계의 돌살

세계 여러 나라에도 우리나라의 것과 비슷한 돌살이 있어요. 북서태평양 연안에 살던 인디언 콰기틀족은 우리 나라와 똑같은 돌살로 물고기를 잡았대요. 밀물 때 연어들이 물결을 타고 해안으로 들어와 돌살 꼭대기까지 헤엄쳐 가요. 그러다 물이 빠지면 돌로 쌓은 벽 안에 갇혀서 바다로 돌아가지 못하고 어부들에게 잡히는 것이었죠. 북아메리카 북서쪽에서는 거의 모든 바닷가나 개울에서 돌살을 찾아볼 수 있다고 해요. 마을 사람들이 돌살을 공동으로 소유하는 형태도 있는데, 커다란 돌살을 만들고 마을 주민이 함께 고기를 주으러 가는 모습, 상상이 되나요?

재화와 용역을 만들어 내는 것, 생산

우리가 살면서 사용하는 것들은 크게 '재화'와 '용역'으로 나눌 수 있어요. '재화'는 일상에서 쓰는 물건으로 물, 수건, 비누, 밥, 반찬, 옷, 신발 등 손으로 만질 수 있는 것을 말해요. '용역'은 사람들이 필요로 하는 것을 만족시키기 위해 하는 활동을 말해요. 의사 선생님의 진료, 머리를 잘라 주는 미용사의 손길 같은 것이지요. 손으로 만질 수는 없지만 생활에 꼭 필요한 '서비스'예요.

그런데 우리가 이러한 재화와 용역을 사용하려면 누군가가 노력해서 만들어 내야 해요. 이를 '생산'이라고 해요. 자연에 있는 것에 사람의 지혜와 노력을 들여 필요한 것을 만드는 것이지요. 고기를 잡는 것, 농사짓는 것, 그림을 그리는 것도 생산이에요. 이렇게 재화와 용역을 만들어 내는 사람을 '생산자'라고 하고, 재화와 용역을 만들어 내는 활동을 '생산 활동'이라고 해요.

생산에 필요한 토지·노동·자본

재화와 용역을 생산하는 데는 토지와 노동과 자본이 필요해요. '토지'는 땅, 바다, 지하자원, 공기처럼 자연으로부터 얻는 자원을 말해요. '노동'은 생산을 위해 사람들이 하는 육체적·정신적 노력이에요. 그리고 '자본'은 생산을 하기 위해 필요한 기계, 설비, 공장이나 이것을 마련하기 위해 들어가는 돈을 말해요. 과자를 만들기 위해서 필요한 것들을 생각해 볼까요? 밀을 심을 땅이나 밀을 자라게 하는 비와 태양 등은 토지에 속하고, 밀을 키우는 일, 과자를 만드는 일, 과자를 포장하고 운반하는 일은 모두 노동이지요.

03 디드로 씨에게
〈무슨 일이 생겼나?〉

★ 새로운 것에 맞추어 모두 바꾸고 싶다?

디드로 씨는 어느 날 새로운 실내복을 선물 받고
서재를 그에 어울리는 새것으로 모두 바꾸었다.
그래서 디드로 씨는 행복해졌을까?
모든 것이 완벽해졌을까?

우아!!

딩동!

어느날 디드로 씨에게

친구의 선물이 도착했다.

그리고 디드로 씨가

상자를 연 후에

엄청난 일이 일어나기 시작했다.

무슨 일이 일어났을까?

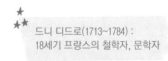

드니 디드로(1713~1784) :
18세기 프랑스의 철학자, 문학자

 내 물건 중 가장 새것으로 바꾸고 싶은 것은 무엇인가요?

친구의 선물은 마음에 꼭 드는
진홍색의 우아한 실내복.

실내복을 입고 책상에 앉았다.

'이 우아한 실내복과 낡은 책상은
어울리지 않아.'

디드로 씨는
책상을 바꾸었다.

음,
이제 낡은 의자가
어울리지 않아.

그러자 이번엔
벽걸이 장식이 초라해 보이는 것이었다.
'내일은 새것으로 하나 사야겠군.'

하지만
책상과 벽걸이를 바꾸고 나니
의자, 장롱, 책장, 시계······
모든 것이 촌스러워 보였다.

그래서

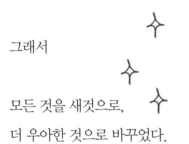

모든 것을 새것으로,
더 우아한 것으로 바꾸었다.

그래서
디드로 씨는 만족했을까?

디드로 씨의 서재는

진홍색의 실내복과 어울리도록

모든 것이 완벽하게 바뀌었다.

하지만 바뀐 것은

그것만이 아니었다.

모두 새것인데
왜 이렇게 낯설지?
왜 이렇게 우울하지?

디드로 씨는

심한 우울증에 시달리게 되었다.

'무엇 때문이지?

나는 왜 이렇게 우울한 것일까?'

도대체 왜 그런 것일까?

우울증 : 슬프고 절망적인
기분이 계속되는 증상

한참이 지나서야
그 이유를 알 수 있었다.

익숙하던 서재의 모든 물건이
새것으로 바뀐 뒤
낯선 서재에서 느껴지는
딱딱하고 불편한 느낌!

낡고 초라했지만
행복했고,

정리가 잘 되진 않았지만
따스한 손길이 묻어 있던
낡은 옛 서재를

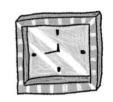

자기도 모르게
그리워하고 있었던 것이다.

디드로 씨는
자신이 버린 것들을
그리워하게 될 거라는 걸
상상이나 했을까?

'디드로 효과'란?

18세기 프랑스 철학자 드니 디드로(1713~1784)는 친구로부터 선물 받은 멋진 실내복 때문에 책상, 의자, 시계 등을 모두 교체했어요. 이러한 디드로의 일화를 계기로, 새로운 물건을 갖게 된 후 새 물건과 어울리는 것들을 갖고 싶어하는 것, 이것을 디드로 효과라고 해요. 소비에 소비를 부르게 되는 현상을 말하지요. 하나의 물건을 사면, 관련된 물건을 계속 사게 되는 현상이라고 해서 '디드로 통일성'이라고도 해요. 이는 함께 있는 물건들이 서로 잘 어울려야 정서적 안정감을 느끼기 때문에 생기는 거래요.

필요한 것을 잘 쓰는 '똑똑한 소비 활동'

사람들이 살아가기 위해서는 필요한 것들이 많아요. 먹을 것도 필요하고, 입을 것도 필요하고, 학교에 가려면 책과 공책, 연필도 필요해요. 물건들만 필요한 것이 아니에요. 아프면 병원에 가서 치료를 받아야 하고, 머리가 길어지면 미장원에 가서 잘라야 해요. 이렇게 살아가는 데 필요한 것들을 쓰는 활동을 '소비 활동'이라고 하고, 소비 활동을 하는 사람을 '소비자'라고 해요.

소비 활동에는 돈이 필요해요. 사람들은 가지고 싶은 것들은 많지만 쓸 수 있는 돈은 한정되어 있어요. 원하는 것을 다 살 수 있는 사람은 매우 적어요. 그래서 합리적이고 똑똑하게 여러 가지를 따져 보고 소비를 해야 해요.

예를 들면, 나한테 꼭 필요한 물건인지, 혹시 친구가 가지고 있으니까 사고 싶어진 것은 아닌지, 사려는 물건이 꼭 찾고 있던 것이 맞는지, 필요로 하는 기

능이 다 들어 있는지도 잘 살펴보아야 해요. 또 남이 좋다고 해서 무조건 사서
는 안 돼요. 품질과 기능을 꼼꼼히 살피고 똑같은 물건을 더 싸게 살 수 있는
방법은 없는지도 생각해 보아야 해요.

돈을 안 쓰면 부자가 될까?

돈을 아끼기만 한다고 좋은 것일까요? 아니에요. 사람들은 일을 하고 그 대가
로 돈을 벌어요. 일을 해서 만든 재화와 용역을 누군가가 소비해야 그걸 만든
사람들이 돈을 벌 수 있어요. 소비는 생산이 더 많이 이루어지게 하는 중요한
역할을 해요. 소비를 멈추면 생산자가 돈을 벌지 못하게 되고 그렇게 되면 생
산도 멈추게 되지요. 생산이 멈추면 일자리가 없어져요. 피가 온몸에 골고루
돌아야만 우리 몸이 제대로 움직이는 것처럼 경제도 모든 곳에 돈이 골고루
돌아야만 활기를 띠게 돼요. 물건을 생산하는 생산자만큼이나 돈을 쓰는 소비
자의 역할이 중요한 이유예요.

아나바다 운동

'아나바다'는 '아껴 쓰고 나눠 쓰고 바꿔
쓰고 다시 쓰기'를 줄인 말이에요. 물건
을 아끼고 나누고 바꾸고 다시 쓰면서
불필요한 소비를 줄이자는 뜻이에요. 나에게는 필요 없지만 아직 쓸 만한 물
건을 다른 사람에게 싼 값에 파는 '아나바다 장터'도 있어요. 파는 사람은 필요
없는 물건으로 돈을 벌 수 있으니 좋고, 사는 사람은 필요한 물건을 싼값에 살
수 있으니 좋지요. 또 필요 없는 물건을 원하는 물건과 바꿀 수도 있어요. 요
즘에는 인터넷 동호회나 벼룩시장이 잘 되어 있어서 찾아보면 필요한 물건을
싼값에 살 수 있어요.

04 가장 싼 물건을 파는 〈마트의 탄생〉

★ 마트는 어디서 시작되었나?

물건들이 산처럼 쌓여 있는 곳, 마트.
싼 가격, 대용량, 보너스 상품이 넘쳐 난다.
창고처럼 물건을 가득 쌓아 놓고 싸게 파는 마트는
누가 어떤 생각으로 만들었을까?

1878년,
미국 뉴욕의 한 포목점에서
일하던 젊은 청년 프랭크 울워스.

★
★★　포목점 : 베나 무명 따위의
　　옷감을 파는 가게

그가 맡은 일은
손님이 물건을 고르면
계산대 뒤에 진열된 상품 중에서
같은 물건을 찾아 꺼내 주는 것이었다.

★
★★　프랭크 울워스(1852~1919) :
　　미국인으로 저가 판매형 체인점의
　　최초 설립자

생각해 보기　나는 주로 어디서 물건을 사나요? 왜 그런가요?

부지런하고 의욕적으로 일하던
울워스를 눈여겨 보던 주인은
그에게 새로운 업무를 맡겼다.

"재고품을 판매하라!"

팔리지 않던 물건들인데
과연 팔 수 있을까?

 재고품 : 판매되지 않아서 오랫동안
창고에 쌓아 놓은 물건

고민을 하던 울워스는
커다란 테이블에 재고품을 진열한 뒤
5센트에 판매하기 시작했다.

"오, 저렇게 싼 물건이 있네?"
5센트라는 부담 없는 가격을 본 사람들은
너도나도 몰려와 물건을 사 갔다.

센트 : 달러화의 화폐 단위로
1센트는 1달러의 100분의 1이다.

몇 달 동안 창고에 쌓아 둔
팔리지 않던 물건들은
순식간에 모두 팔려 버렸다.

이 모습을 지켜본 울워스의 머릿속에
기발한 아이디어가 떠올랐다.

어떤 기발한 아이디어일까?

울워스는 포목점 일을 그만 두고
유럽으로 떠났다.

당시 유럽은
대량 생산 기술이 미국보다 앞서
물건들을 싼값으로 생산해 내고 있었다.

울워스는 가장 싼 상품을 발견하면
무조건 구입했다.

그리고
1879년 미국의 뉴욕 한복판에서
최초의 염가 판매점을 열었다.

염가 판매점 : 매우 값이 싼 물건을
모아서 파는 상점. 주변에서 쉽게
볼 수 있는 '다이소'나 '천 냥 하우스'
같은 상점이 염가 판매점이다.

어떻게 되었을까?

"허허, 더 이상 양말을 꿰매 신을 필요가 없겠군."
울워스의 가게에 온 사람들은
마치 부자가 된 듯
거리낌 없이 장바구니 가득 물건들을 채웠다.

소문은 점점 더 퍼져 갔고
사람들은 점차 싼 가격에 익숙해져 갔다.

울워스는 더욱 싼 가격을 찾아야만 했다.

싼 가격을 유지하기 위한
전략은?

'임금을 줄여서 더 싸게 만들자.'

울워스는 되도록 싼 임금으로

물건을 만들기 시작했다.

 임금 : 근로자가 노동의 대가로
받는 보수. 급료, 품삯

그리하여 울워스가 사망한

1919년 그의 체인점은 1300개가 돼 있었고

그는 세계 최대 유통망을 만든

최고의 갑부로 눈을 감았다.

이렇게 오늘날의

대량 염가 판매점인 마트는

울워스의 아이디어에서 탄생한 것이다.

사과가 나에게 오기까지, 유통

우리가 매일 먹는 쌀은 농촌에서, 생선이나 미역은 어촌에서, 냉장고나 텔레비전 같은 전자 제품은 공장이 있는 도시에서 생산돼요. 이렇게 각기 다른 지역에서 생산되는 상품들이 어떻게 한곳에 모여서 판매되는 걸까요? 그건 유통이 있기 때문이에요. 유통은 다른 지역에서 생산된 상품을 소비자에게 전달해 주는 것을 말해요. 재화나 용역이 생산자에게서 소비자에게 가기 위한 활동이지요. 상품이 생산지에서 도매 시장을 통해 소매 시장을 거쳐 소비자에게 전달되는 전 과정을 통틀어 유통 과정이라고 한답니다.

유통과 가격

유통은 다양한 경로로 이루어져요. 어떤 상품은 생산지에서 도매상인과 소매상인을 거쳐 소비자에게로 오고, 어떤 상품은 도매상인을 거치지 않고 바로 소매상인을 거쳐 소비자에게 오지요. 또 어떤 상품은 인터넷 쇼핑이나 온라인 판매를 통해서 와요. 상품이 소비자에게 전달되기까지 거치는 단계가 많아지

면 상품의 가격은 올라가요. 만일 생선이 생산자와 도매상인, 소매상인을 모두 거친다면 상인들의 이익뿐 아니라 상품을 옮기는 운반비, 상품을 보관하는 보관비가 소비자가 지불하는 가격에 포함이 될 거예요. 만일 도매상인을 거치지 않고 소매상인에게 바로 넘어간다면 어떨까요? 도매상인의 이익과 보관비, 운반비는 필요 없게 되겠지요? 유통이 단순해지면 생산자는 높은 가격을 받을 수 있고 소비자도 싼 가격에 살 수 있어요. 유통 과정이 줄어드는 것이 생산자와 소비자 둘 다에게 이익을 가져다 주는 것이지요.

농사꾼의 아들 울워스, 거부가 되다

프랭크 울워스(1852~1919)는 가난한 농사꾼의 아들로 태어났어요. 자신의 이름을 건 가게를 갖는 것이 꿈이었던 울워스는 포목점 점원으로 일을 하다가 재고품이 5센트에 팔리는 것을 보고 새로운 가게를 낼 생각을 했어요. 울워스는 300달러를 빌려서 1879년 2월 뉴욕 유티카에 '5센트 스토어'를 열었으나 위치가 좋지 않아 실패했어요. 그래도 울워스는 포기하지 않고 1879년 6월 펜실베이니아 주 랭커스터에 5센트와 10센트짜리 물건을 함께 판매하는 가게를 다시 열었어요. 이후 대성공을 거두었지요. 그 후로 울워스는 '5&10센트 스토어'라는 이름으로 매장을 늘려가며 사업을 확장했어요.

1919년 '울워스사'로 상호를 바꾼 최초의 저가형 체인점은, 1919년 프랭크 울워스가 67세의 나이로 세상을 떠날 즈음, 전 세계에 1300여 매장을 거느린 세계 최대 유통 기업으로 성장했어요. 가난한 농사꾼의 아들이 백만장자가 된 것이지요. 하지만 그가 세상을 떠난 후 울워스사는 차츰 위기를 맞게 돼요.

울워스의 상속자인 손녀가 사치스러운 생활로 재산을 탕진한 데다, 1960년대에 들어선 K마트, 월마트 같은 대형 상점들이 똑같이 값싼 물품들을 판매하며 자리를 잡았기 때문이지요. '울워스사'는 급격히 쇠락해 1997년에는 미국 내 매장 400곳이 문을 닫았고, 회사 이름도 바뀌게 되었어요.

05 모두 기계 때문이야, 〈기계화의 그늘〉

★ 기계는 좋은 것일까? 나쁜 것일까?

기계화로 대량 생산이 가능해진 산업 혁명 초기,
공장 노동자들은 고된 일과 낮은 임금에 시달리게 된다.
결국 모든 고통이 기계 때문이라며 기계를 파괴하기에 이른다.
산업 발전 과정에서 일어났던 기계 파괴 운동에 대해 알아보자.

기계가 우리를 풍요롭게 해 줄 것이다.

기계가 우리를 편리하게 해 줄 것이다.

기계 덕분이다.

기계 때문이다.

사람들은

기계 덕분에 좋아졌을까?

기계 때문에 나빠졌을까?

 기계로 인해 사람들 생활이 어떻게 달라졌을까요?

하루에 열여덟 시간씩 쉬지 않고 일을 해도
임금은 오히려 줄어들었다.
그러나 적은 돈이라도 벌 수 있으면 다행이다.

새로운 일자리를 구하기란
하늘의 별따기 만큼이나 어려워졌으니까.
_(19세기 어느 영국 노동자)

왜 그렇게 되었을까?

대량 생산 : 기계를 이용해 같은
제품을 대량으로 만들어 내는 일

가내 수공업 : 집 안에서 작은 규모로
이루어지는 수공업

1800년대 초

기계의 발달로 대량 생산이 가능해졌기 때문에

가내 수공업이 몰락해

할 수 없이 고향을 떠나 공장에서

일하게 된 영국 노동자들.

자신들의 비참한 생활이

기계 때문이라고 생각하기에 이른다.

"기계다.

우리를 가난하게 만들고

고통을 준 건 바로 기계다."

정말일까?

정말 기계 때문이었을까?

피로와 굶주림에 시달린 노동자들은
기계를 없애기 위해

몰래 불을 지르거나
모래를 뿌려 망가뜨리거나
망치로 부수기까지 했다.

기계만 사라지면
우리의 일자리가 생길 것이다,

이것이

1811년부터 1817년까지

산업 혁명 초기 영국에서 벌어진

기계 파괴 운동이다.

그 당시

기계 파괴 운동으로

많은 노동자들이 감옥에 갇히고

일부는 목숨을 잃는 일까지 겪어야 했다.

기계를 없애야만
우리가 살 수 있다.

우리는 이 사람들이 단결해
자신들의 일터와 평화를 파괴한다고 합니다.

그렇지만 이들은
하루하루 먹을 식량을 얻는 데
기계가 걸림돌이 되기 전까지는
결코 기계를 파괴하지 않았습니다.

우리의 안락함을 파괴한 것은
기계를 부수는 그들도
기계도 아닙니다.
기계화에 대비한 좋은 정책을
세우지 못한 때문입니다.

_(조지 고든 바이런, 1812년 영국 상원 연설 중)

★
★★ 조지 고든 바이런(1788~1824) :
영국의 낭만파 시인.
작품 〈맨프레드〉, 〈돈 후안〉

기계 파괴 운동을 벌인 사람들이
핍박을 받게 되자
시인 바이런은
이들을 적극적으로 변호했다.

기계 파괴 운동은
산업 혁명을 통해 빠르게 변하는
공업화 시대가 열림에 따라

사람들의 삶도
급격히 바뀌게 되면서 발생한
큰 사건이었다.

산업 혁명의 발단, 면직물 공업의 기계화

18세기 후반부터 영국에서 일어난 방적 기계의 개발이 발단이 되어 산업 혁명이 일어났어요. 산업 혁명은 생산 기술의 획기적인 발달과 그에 따라 사회와 사람들의 삶이 크게 변화된 것을 말해요. 가내 수공업이 쇠퇴하고 대량 생산을 하는 큰 공장이 들어서면서 자본주의 경제가 시작된 것이지요.

영국은 전통적으로 모직물 공업이 발달한 나라였어요. 하지만 17세기 후반부터 인도에서 수입된 면직물이 엄청난 인기를 끌게 되면서 면직물 생산이 점점 늘어나게 되었어요. 면은 가격도 싼 데다 물빨래도 할 수 있고 옷 이외에도 여러 가지 물품을 만들 수 있었기 때문이지요. 사업가들은 면직물이 엄청난 이윤을 남겨 주리라는 것을 알아채고 어떻게 하면 빠른 시간 안에 면직물을 많이 생산할 수 있을까 고심했어요.

그러다가 1764년 영국의 하그리브스가 제니 방적기를 발명하면서 섬유 산업에 큰 변화가 일어났어요. 예전에는 물레를 돌려서 사람의 손으로 직접 실을 뽑았지만 방적기는 사람보다 몇 백 배 빠른 속도로 실을 뽑아냈지요. 시간이 지나고 직조기(옷감을 짜는 기계)까지 나타나면서 본격적으로 옷감을 대량으로 생산하는 시대가 열리게 되었답니다.

기계 파괴 운동(러다이트 운동)이란?

산업 혁명은 사람들의 생활에 엄청난 영향을 미쳤어요. 집에서 가족들이 모여 물건을 만드는 가내 수공업 방식은 물건이 만들어지기까지 시간이 오래 걸리는 데다 생산량도 한정되어 있었어요. 그런데 산업 혁명이 일어나고 방적기와 직조기 등의 기계가 보급되면서 가내 수공업은 금세 줄어들었어요. 옷감을 짜던 사람들은 실업자가 되거나 공장에서 일하는 노동자가 될 수밖에 없었지요. 매일 12~14시간 이상 고된 일에 아주 적은 임금을 받으면서 말이에요.

그리하여 공장 노동자들의 불만이 높아질 즈음, N.러드가 이끄는 기계 파괴 운동이 일어났어요. 사실 N.러드는 진짜 인물이 아니라 비밀 조직 사람들이 만들어 낸 가공의 인물이었어요. 이 비밀 조직은 기계야말로 노동자들을 가난으로 내몬 원인이라고 생각하고 기계를 파괴하기 시작했어요. 하지만 이들 노동자들의 기계 파괴 운동은 영국 정부에 의해서 진압되었고, 가담자들은 감옥에 가게 되었어요. 이때 노동자들의 편에 서서 그들을 변호했던 이가 유명한 시인 바이런이에요.

산업 혁명을 이끈 새로운 발명, 증기 기관

지금 대부분의 공장들은 전기의 힘으로 기계를 돌려요. 하지만 산업 혁명 당시에는 물의 힘을 빌려서 기계를 움직였어요. 때문에 공장을 꼭 물가에 세워야 하는 문제가 있었지요. 그러던 중 1790년대 제임스 와트가 증기의 힘을 이용한 증기 기관을 만들었어요. 석탄을 태워서 물을 끓인 증기의 힘으로 기계를 돌리는 장치지요. 증기 기관은 기차의 엔진이나 공장의 기계를 돌리는 데 활용되었어요. 증기 기관을 이용한 방적기가 발명되자, 철과 연료로 쓰는 석탄을 대량으로 생산하게 되었지요. 산업을 위한 기계들이 계속 발명되고, 관련 산업이 덩달아 발전하면서 그야말로 산업 혁명이 비로소 시작된 거예요. 때문에 사람들은 증기 기관이 산업 혁명을 이끌었다고 해요.

경제 활동과
화폐의 흐름

돈이
생활화되다

06 물가의 마술에 흔들리는 〈돈의 가치〉

★ 물가에 따라 마술처럼 달라지는 돈의 가치

어제는 1000원에 4개씩 팔던 붕어빵이
오늘은 1000원에 2개씩 팔고 있다.
1000원으로 살 수 있는 붕어빵의 수가 적어진 것은 돈의 가치가
떨어진 것이다. 똑같은 1000원인데 가치는 왜 달라지는 것일까?
돈의 가치에 대해 알아보자.

돈 다발을 가득 실은

수레를 놓고 가면

도둑이 수레만 가져간다.

왜?

수레 값이 돈 다발보다 더 비싸니까.

왜?

어떻게?

 1만 원으로 껌 한 개도 사지 못한다면 어떻게 될까요?

1921년 독일,

한 변호사

은퇴 후에 쓸 돈을 마련해 두려고

2000만 마르크짜리 보험에 가입

3년 동안 꼬박꼬박

보험금을 냈다.

마르크 : 독일에서 사용하던 화폐의 단위.
유럽 연합이 탄생한 후로는 독일도
마르크 대신 유로화를 쓰고 있다.

3년 후

물건 값이
오르고 또 올라서

보험금으로 받은 2000만 마르크로는
고작 빵 한 조각밖에 살 수 없었다.

화폐 위의 숫자는 변한 것이 없지만
값어치는 엄청나게 달라져 버렸다.

이럴 땐 어떻게 해야 할까?

어떤 월급쟁이는

하루에 세 번씩

커다란 수레에 가득 급여를 받았다.

그는 돈을 받자마자

시장으로 달려갔지만

물건 가격이

어제보다 두 배나 올라 있었다.

돈의 가치는

하룻밤 만에 절반으로 떨어졌다.

수레에 가득 담긴 지폐로
살 수 있는 것은

500억 마르크짜리 우표 한 장
또는 2000억 마르크짜리 빵 한 덩어리뿐.

가치가 떨어진 지폐는
그저 숫자가 쓰인 작고 질긴 종이에 불과했다.

지폐는
장난감과 벽지를 살 수 없는
장난감과 벽지가 되어 버렸다.

돈은 이제
종이와 다를 게 없었다.

넉 달 동안

370만 배 오른

물건의 가격

그리고

넉 달 동안

370만 분의 1이 되어 버린

돈의 가치

마술처럼 돈의 가치가 변했다.

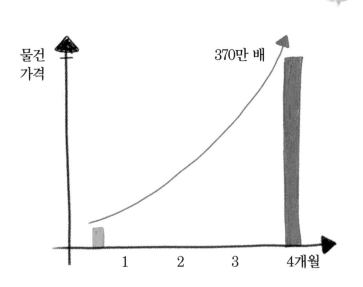

구매력 : 일정한 화폐로 여러 가지
물건이나 서비스를 살 수 있는 능력

돈의 가치는
액수의 크기가 아니라

물가 : 물건의 값. 시장에서 팔리는
물건의 값을 종합해서 평균 낸 것

무엇을 얼마나 살 수 있는가 하는
구매력으로 결정된다.

물가에 따라서
늘어나기도 하고 줄어들기도 하는

돈의 가치.

우리에게도 독일에서와 같은 일이
일어나면 어떻게 될까?

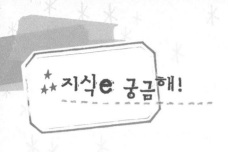
독일 마르크화의 가치 하락

1921년부터 1923년까지 독일에서는 이상한 일이 일어났어요. 1921년 12월에 3.9마르크면 살 수 있던 빵 한 덩이가 1923년 10월에는 17억 마르크를 내야만 살 수 있는 지경이 되었지요. 물가가 어찌나 빠르게 오르던지 차 한 잔을 사면 그 차를 다 마시고 날 때쯤에는 차 값이 두 배나 되어 있는 웃지 못 할 일도 생겼지요. 물가가 오르자 돈의 가치는 계속 떨어져서 돈을 찍는 종이 값에도 못 미쳤어요. 돈을 수레에 가득 싣고 가게를 가도 우유 한 병 살 수 없을 만큼 돈의 가치가 떨어진 시절이 된 거예요. 아이들은 장난감 값이 너무 비싸 돈다발을 장난감 대신 쌓으며 놀았어요. 장작을 살 수 없어 장작 대신 돈을 태워서 불을 지피기도 했지요. 심지어 돈이 가득 든 바구니를 깜빡 잊고 공원에 두었다가 돌아가 보니 돈은 그대로 있고 바구니만 없어졌다는 이야기도 있어요. 도대체 왜 이런 일들이 일어났을까요?

제1차 세계 대전이 끝나고 패전국이 된 독일은 경제적으로 곤란한 상황에 처했어요. 전쟁을 벌이는 동안 국민들에게 세금을 적게 걷었던 독일 정부는 돈이 부족했지요. 하지만 파업 노동자들에게 임금도 지불해야 하고, 국제 사회에 전쟁 배상금도 물어 줘야 했어요. 이렇게 돈이 부족했던 독일 정부는 돈을 마구 찍어 내서 이 문제를 해결하려고 했어요. 하지만 돈이 너무 많이 나온 덕에 물가는 점점 올라갔어요. 급기야 손을 쓸 수 없을 지경이 되었지요. 결국 마르크화는 돈의 기능을 상실하게 되었어요.

앗! 우유 한 잔에 1억 달러?

계란 3개를 사려면 1000억 달러가 필요한 곳, 버스를 타려면 3500만 달러가, 우유 1잔을 사려면 1억 달러는 내야 하는 곳이 있어요. 그곳이 어디냐고요? 바로 아프리카 대륙 남부에 위치한 짐바브웨예요. 짐바브웨의 무가베 대통령은 백인들이 소유한 토지를 공짜로 흑인들에게 나눠 주기 위해서 농지 개혁을 했는데 그 과정에서 돈을 엄청나게 찍어 냈어요. 처음에는 돈이 많아서 좋았지만 시간이 지나면서 돈의 가치가 떨어지고 물가가 어마어마하게 오르게 되었지요. 지난 2009년 결국 짐바브웨 정부는 자국 달러의 사용을 중지하고 미국 달러화 등의 외국 돈의 사용을 허락했다고 해요.

하루아침에 빚이 사라져 버린다?

짐바브웨와 같이 물가가 지나치게 올라가고 있을 때 누군가에게 돈을 빌려 주었다면 어떻게 될까요? 빌려 줄 때는 작은 자동차 한 대를 살 수 있는 만큼의 돈이었다 해도 열흘 후쯤에는 빵 한 조각 살 돈밖에 되지 않을 수도 있어요. 하지만 돈을 빌린 사람은 어떨까요? 그는 열흘 만에 빚이 반대로 엄청 줄어들기 때문에 돈을 갚을 때 전혀 부담이 없겠지요? 거짓말처럼 빚이 사라지는 일이 벌어지는 것이지요. 하지만 빚이 없어진다고 그 사람만 더 살기좋아졌다고 할 수는 없어요. 너무나 높은 물가 때문에 누구나 살기 힘들답니다.

물가, 돈의 가치를 알려 주는 척도

돈의 가치란 상품을 살 수 있는 힘을 말해요. 돈의 가치는 물가에 따라 달라져요. 물가란 재화나 용역이 시장에서 팔리는 값을 말하는데, 시장에서 팔리는 물건의 값을 종합해서 평균을 낸 것이에요. 물건의 값은 '가격'이 아니냐고요?

맞아요. 예를 들어 문구점에서 어떤 공책은 500원, 어떤 공책은 1000원 또 다른 공책은 2000원에 팔고 있다면 공책 각각의 값은 가격이라고 해요. 그리고 이 공책의 가격을 모아 평균을 낸 것을 물가라고 해요.

어른들이 "물가가 너무 올라서 살기가 힘들다."고 걱정하는 이야기를 들어 본 적이 있나요? 어른들은 왜 물가가 오르면 살기가 힘들다고 말할까요? 그것은 물가가 돈의 가치를 알려 주는 척도이기 때문이에요. 1000원 하던 우유가 1500원으로 오른다면 똑같은 우유를 500원이나 더 내고 사야 하니까 돈의 가치는 그만큼 떨어진 것이지요. 월급은 일정한데 돈의 가치가 떨어지면 같은 가격으로 살 수 있는 것들이 줄어드니까 생활이 전보다 어려워지는 거예요.

가격이란 무엇일까?

가격은 상품의 가치를 돈으로 나타낸 거예요. 연필 한 자루에 500원, 과자 한 봉지에 1000원…… 모두 가격이 붙어 있어요. 사람들이 사고파는 상품의 가치를 돈으로 환산해서 가격을 정하기 때문이에요. 물건을 살 때는 그 가격만큼 돈을 주고 사요. 만일 2000원을 내고 장난감을 샀다면 2000원과 장난감을 맞바꾸는 셈이지요. 그리고 용역을 이용하기 위해서도 돈을 내요. 학원에서 피아노를 배울 때, 극장에서 영화를 볼 때, 놀이동산에서 놀이 기구를 탈 때도 정해진 용역의 가격만큼 돈을 내야 해요.

재화와 용역을 팔고자 하는 것, 공급

'공급'은 재화와 용역을 팔려고 하는 것을 말해요. 팔고 싶어 하는 사람을 '공급자', 공급자가 시장에 팔려고 내놓은 재화와 용역의 양을 '공급량'이라고 해요. 공급자는 공급량을 어떻게 결정할까요? 예를 들어, 일기장을 만들어서 3000원에 파는 기업이 있는데 일기장 값이 500원으로 떨어졌다고 가정해 봐요. 기업은 손해를 보면서까지 물건을 팔고 싶지 않기 때문에 공급량을 줄일 거예요. 반대로 일기장이 1만 원으로 오른다면 물건을 더 많이 팔고 싶기 때문에 공급량을 늘리겠지요? 그래서 시장에서 물건의 가격이 오르면 공급량은 늘어나고, 가격이 내리면 공급량은 줄어들어요. 이렇게 가격에 따라 공급량이 변하는 것을 '공급의 법칙'이라고 해요.

재화와 용역을 사고자 하는 것, 수요

'수요'는 물건이나 용역을 사려고 하는 것을 말해요. 수요자의 입장에서 생각해 볼까요? 물건의 가격이 내리면 사려고 하는 수요량은 늘어나요. 3000원에 팔던 일기장을 어떤 문구점에서 하루 동안 500원에 판다면 훨씬 많은 친구들이 사겠지요? 반대로 1만 원에 판다면 웬만해서는 사지 않을 거예요. 이렇게 가격이 내리면 사려고 하는 수요가 늘어나고, 가격이 오르면 수요가 줄어들어요. 이처럼 가격에 따라 수요량이 변하는 것을 '수요의 법칙'이라고 해요.

공급과 수요에 따라 결정되는 가격

가격은 어떻게 결정될까요? 시장은 공급과 수요가 모두 모이는 곳이에요. 그래서 공급과 수요가 어떻게 변하는지 알 수 있어요. 상품을 팔려는 사람은 가능하면 비싼 가격을 받고 싶어해요. 반대로 상품을 사려는 사람은 되도록 싼 가격에 사려고 해요. 하지만 가격은 팔려는 사람과 사려는 사람이 둘 다 동의하는 선에서 결정돼요. 그렇게 결정된 가격은 공급량과 수요량에 따라 끊임없이 변화하지요. 공급이 많거나 수요가 줄면 가격은 내려가고, 반대로 공급이 줄거나 수요가 많아지면 가격은 오르게 돼요.

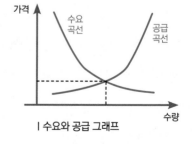

ㅣ수요와 공급 그래프

07 누가 진짜 왕일까?
〈돈의 얼굴〉

★ 화폐의 그림과 숫자의 의미는?

숫자와 그림이 새겨지기 전까지
화폐는 그저 종잇조각에 불과하다.
화폐는 어떻게 만들어졌을까?
그리고 화폐 그림에 담겨 있는 의미는 무엇일까?

1791년 6월 20일,
굶주린 시민들이 일으킨
프랑스 대혁명.

성난 혁명군을 피해서
마부로 변장하고 외국으로 도망가던 국왕은
국경 근처에서 한 농부에게 정체를 들키고 만다.

"앗, 저기 루이 16세가 있다!"

어떻게 알았을까?

루이 16세(1754-1793) :
프랑스 부르봉 왕조의 왕.
개혁을 이루려고 노력했지만 실패하고,
1793년 프랑스 대혁명 기간에
단두대에서 처형됐다.

 우리나라 지폐에 들어 있는 인물 중 생각나는 인물은?

루이 16세를 잡아라.
돈에 그려진 얼굴을 찾아라!

혁명군에게 체포된

루이 16세는

결국 단두대의 이슬로 사라졌다.

단두대 : 사형수의 목을
자르는 형틀

국왕을 만난 적이 없고

평생 왕궁 근처에도 가 본 적 없던

농부가

국왕의 얼굴을 어떻게 알아봤을까?

루이 16세를 죽음으로 이끈 것은
지폐에 실린 얼굴.

루이 16세는 어려운 경제를 살리기 위해
자신의 얼굴이 그려진 지폐를
대량으로 찍어 냈고

농부는 그 얼굴을 보고
마부로 분장한 왕을 알아본 것이다.

돈

그 위에 그려진 얼굴들.

현재 전 세계에서 사용하는

지폐의 83.2%에

사람의 얼굴이 그려져 있다.

왜 하필 얼굴을 그렸을까?

유명한 인물의 얼굴은

그 사람이 이룬 업적만큼

화폐의 신뢰도와 품위를 높여 준다.

그리고 유명인의 얼굴을 담은 화폐는

나라를 대표하는 상징성을 가진다.

게다가

제각기 다르게 생긴

섬세한 인물 그림은

위조 : 속일 목적으로 진짜처럼 만듦.
변조 : 어떤 것의 형상이나 내용을 변경하는 일

화폐를

위조하거나 변조하지 못하게 하는

기본적인 장치가 된다.

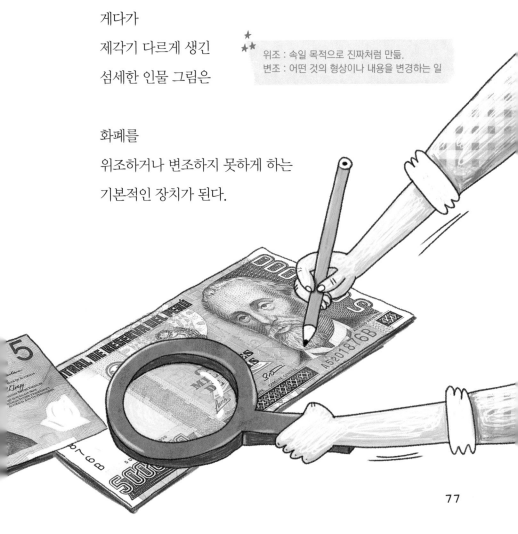

예술과 문화가 활짝 꽃피던
유럽 여러 나라의 지폐에는
예술가가 등장하기도 한다.

프랑스의 소설가 생텍쥐페리,
독일의 동화 작가 그림 형제,
오스트리아의 작곡가 모차르트가
지폐에 담겨 있다.

혁명과 독립의 역사를 가진
남아메리카의 지폐에는
누구의 얼굴이 담겨 있을까?

멕시코는
혁명 지도자 에밀리아노 사파타가
지폐에 들어 있고,

쿠바는
독립운동가의 초상이 7종 지폐 모두에
담겨 있다.

중국의 마오쩌둥
인도의 간디
베트남의 호치민 등

아시아 국가의 지폐에는
정치가나 지도자들이 많이 등장한다.

시대가 변하며
사람 얼굴 그림이 차지하던
화폐의 도안은

정치에서 문화로,
사람에서 자연으로
자연스럽게 변화하고 있다.

12개 나라로 구성된 유럽 연합의 유로화에는
'유럽 연합 12개국의 열린 마음'을 의미하는
문과 창문이,

★★ 유로화 : 유럽 연합의 화폐

드넓은 자연을 자랑하는
남아프리카공화국의 화폐에는
아프리카에 살고 있는 동물이 그려져 있다.

'화폐는
국가 정체성을 압축적으로 설명하는
무언의 외교관이다.'

★★ 정체성 : 어떤 존재가 가지고
있는 본질적인 특성

앞으로 만들어질 우리나라 화폐에
어떤 그림이 담기면 좋을까?

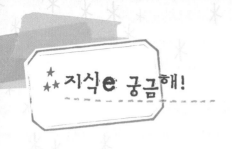

화폐의 탄생

화폐가 없던 시절, 사람들은 필요한 것을 얻기 위하여 물건과 물건을 맞바꾸는 물물 교환을 했어요. 물물 교환을 하면 원하는 물건을 바로 얻을 수 있지만 시간과 수고가 많이 필요하지요. 또 물건의 가치를 제대로 평가하는 일도 어려워요. 예를 들어 닭 1마리를 가진 사람이 사과 10개와 바꾸려고 해요. 하지만 사과 10개를 가진 사람은 배추 2통이 필요하다고 해요. 닭을 가진 사람은 사과를 얻기 위해서 먼저 닭을 배추로 바꾸려고 하지요. 하지만 닭을 가진 사람은 닭 1마리와 배추 2통을 바꾸기에는 닭이 너무 아깝다고 생각해요. 이렇게 가치에 대한 생각이 다르면 물물 교환이 어려워져요. 이런 상황들이 반복되자 사람들은 물건의 가치를 대신할 수 있는 것을 만들어야겠다고 생각했어요. 그리하여 나오게 된 것이 바로 화폐예요.

물품 화폐

물물 교환을 하다가 차츰 조개껍데기, 곡식, 소금, 옷감과 같은 물건을 화폐처럼 사용했어요. 이러한 물품 화폐를 사용하면서 힘들여 물물 교환을 하지 않고도 원하는 물건을 구할 수 있게 되었지요. 하지만 물품 화폐를 사용하는 것도 어려운 문제들이 발생했어요. 소금을 가지고 쌀을 사러 갔는데 비가 내려서 소금이 모두 녹아 버리면 큰일이었지요. 조개껍데기를 사용하는 사람들은 집안에 조개껍데기를 가득 쌓아 놓아야 했어요. 게다가 깨지기라도 하면 더 이상 사용할 수도 없었어요.

금속 화폐

물품 화폐의 불편한 점을 해결할 수 있는 방법을 찾던 사람들은 쉽게 변하지 않는 금속으로 화폐를 만들기 시작했어요. 금이나 은, 구리, 철, 동을 녹여서 다양한 모양과 크기의 동전을 만든 거예요. 금이나 은처럼 귀한 금속으로 만든 화폐는 철이나 구리로 만든 화폐보다 더 높은 가치를 부여했지요.

금속 화폐를 사용하면서 사람들은 물건을 사고팔기가 편해졌어요. 하지만 물품 화폐보다는 금속 화폐가 훨씬 가볍고 보관도 쉬웠지만 계속 사용하다 보니 금속으로 만든 화폐도 점차 무겁게 느껴졌어요. 무거운 돈 꾸러미를 들고 다니던 사람들은 좀 더 가볍고 쉽게 지니고 다닐 수 있는 화폐는 없을까 연구하기 시작했어요.

〈옛날 동전에는 왜 구멍이 뚫려 있나요?〉

옛날 사람들은 지갑을 따로 가지고 다니지 않았어요. 그래서 엽전에 구멍을 뚫고 그 구멍에 끈을 꿰어 옆구리에 차고 다닐 수 있도록 만들었지요. 엽전의 동그란 모양은 하늘을, 네모난 구멍은 땅을 본떠서 만든 거라고 해요.

종이 화폐(지폐)

종이로 만든 화폐를 '지폐'라고 해요. 지폐는 가볍고 얇아서 사용하기에 편리해요. 또 금속으로 동전을 만드는 것보다 비용도 훨씬 적게 들어요. 하지만 금이나 은보다 흔한 종이로 만들다 보니 손쉽게 가짜 돈을 만들 수 있다는 단점도 있었지요. 그래서 나라에서는 특정한 곳에서만 지폐를 만들도록 했어요.

세계 최초로 지폐가 발행된 곳은 중국이에요. 중국에서는 지금으로부터 1000

년 전인 10세기 말경에 거래액이 커지면서 상인들 사이에서 거래 금액을 증서로 쓴 '교자'를 주고받았어요. 이것이 최초의 지폐로 알려져 있어요.

〈수표도 지폐예요 〉

아무리 가벼운 종이돈이라도 집을 살 때처럼 한 번에 많은 돈이 필요할 경우에는 들고 다니기 불편하겠죠? 이럴 때는 은행에서 발행하는 수표를 사용하면 편리해요. 수표는 은행으로 가지고 가면 수표에 적힌 금액만큼 돈으로 돌려받을 수 있는 종이 증서랍니다.

전자 화폐

요즘은 동전이나 지폐가 없어도 필요한 물건을 살 수 있어요. 신용 카드, 교통 카드 같은 전자 화폐 덕분이에요. 신용 카드는 돈을 내지 않고도 물건을 살 수 있는 플라스틱으로 만든 작은 카드예요. 카드로 물건을 사면, 카드를 발행한 회사에서 물건을 판 곳에 먼저 물건값을 지불해요. 카드로 물건을 산 사람은 나중에 카드 회사에 물건값을 지불한답니다. 신용 카드가 있으면 돈을 가지고 다니지 않아도 필요한 것을 살 수 있으니 편리해요. 하지만 돈이 없는데도 지나치게 많은 물건을 사 버릴 수도 있으니 주의해야 해요.

세계 여러 나라의 화폐

우리나라의 원화처럼 세계 여러 나라에는 그 나라만의 화폐가 있어요. 세계 여러 나라는 어떤 돈을 사용할까요?

미국은 '달러'와 '센트'를 사용해요. 70년간 크기도, 그림도, 색상도 바꾸지 않고 사용하고 있어요. 이유는 달러가 국제 기준 통화이기 때문이에요. 디자인을 바꿀 경우 전 세계적으로 엄청나게 많은 비용이 들겠지요? 벨기에, 프랑스, 독일, 이탈리아, 그리스 같은 유럽의 여러 나라들은 유로화를 사용해요. 유로화는 7종류의 지폐와 8종류의 동전이 있어요. 그런데 영국은 유럽 연합 회원이지만 유로화를 사용하지 않아요. 영국은 '파운드'화를 화폐로 사용해요. 지폐는 '파운드'로 동전은 '페니, 펜스, 파운드'로 나눠지지요. 스웨덴과 덴마크도 유럽 연합 회원국이지만 영국처럼 유로화를 사용하지 않아요. 중국은 '위안'을 화폐로 사용해요. 위안화는 위안, 지아오, 펀 세 종류가 있어요. 1위안은 10지아오, 100펀이에요. 일본은 '엔'화를 사용해요. 달러와 함께 국제 무역에서 많이 사용되는 돈이에요. 그 외에도 태국은 '바트', 멕시코는 '페소', 캐나다는 '캐나다 달러', 호주는 '호주 달러', 뉴질랜드는 '뉴질랜드 달러', 인도네시아는 '루피아', 스웨덴은 '크로나', 러시아는 '루블', 인도는 '루피', 말레이시아는 '링깃'을 사용한답니다.

우리나라 최초의 화폐

우리나라 최초의 화폐는 무엇일까요? 기원전 957년 고조선 흥평왕 때 자모전이 사용되었는데 이것이 우리나라 최초의 화폐라고 해요. 하지만 아직까지 실제 자모전이 발견된 것은 없어요. 건원중보는 고려 시대에 사용한 화폐로 지금까지 남아 있는 우리나라 화폐 중에서 가장 오래된 화폐예요.

상평통보는 조선 시대에 쓰던 엽전의 이름이에요. 최초로 나라 전체에서 사용된 동전으로, 상평통보를 사용하면서 조선은 본격적인 화폐 시대에 들어섰어요. 상평통보가 처음 나왔을 때 사람들은 조그만 동전으로 쌀이나 옷을 살 수 있다는 것을 믿지 못해서 사용하지 않았다고 해요. 그래서 나라에서는 세금이나 죄를 지은 후 내는 벌금을 상평통보로 받았대요. 상업이 발달하면서 차츰 상평통보의 사용이 많아지게 되었고 18세기 후반부터는 일상생활에서 누구나 사용하는 돈이 되었다고 해요.

08 돈을 빌릴 수 있는 〈최고의 자격〉

★ 그들은 왜 가난할까?

지구촌 인구 중 극심한 빈곤으로 허덕이는 사람이 수없이 많다.
그들을 가난에서 벗어나게 하는 방법은 없을까?
방글라데시의 한 경제학자의 이야기에서
많은 사람들을 살리고 세상을 밝게 만들 수 있는 방법을 배워 보자.

하루 소득 1.25달러(우리 돈 1300원) 이하로
살아가는 빈곤층 9억 명
세계 인구의 13%

_(세계은행 통계, 2010)

유엔 개발 계획이
2010년 개발한 다차원 빈곤 지수에 의하면
전 세계 17억 5000만 명이
빈곤층으로 분류됐다.

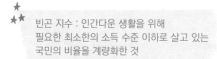

빈곤 지수 : 인간다운 생활을 위해
필요한 최소한의 소득 수준 이하로 살고 있는
국민의 비율을 계량화한 것

 가난을 극복 할 수 있는 방법에는 어떤 것들이 있을까요?

대나무를 잘라 깎아 내고 다듬어서
의자를 만드는 방글라데시 사람들.

이들 대부분은 빚에 허덕이고 있었다.

하루 종일 손을 놀려서 만든
대나무 의자의 가격은
방글라데시 돈으로 5타카 50페이사.

그중
빌린 돈 5타카를 갚고
손에 쥐어지는 돈이
나머지 50페이사인 한 부부.
우리 돈으로 약 40원뿐이다.

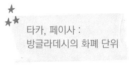

타카, 페이사 :
방글라데시의 화폐 단위

이를 본 방글라데시의 경제학자
무하마드 유누스는 생각했다.

'지금 내 눈앞에서는 단지 몇 백 페이사에
삶과 죽음이 나뉘는 상황이 벌어지고 있다.
길바닥에선 사람들이 굶어 죽고 있는데
경제학 이론이 무슨 소용이란 말인가.'

무하마드 유누스(1940~　): 방글라데시의 경제학자. 2006년 노벨 평화상 수상자

유누스는 방글라데시의 은행으로 달려갔다.
"가난한 사람들에게
돈을 빌려 주지 않는 이유가 뭡니까?"
"그야 가난한 사람들은 담보가 없기 때문이지요."

담보 : 돈을 빌리면서 나중에 못 갚을 경우 대신 내어 줄 수 있는 무언가를 맡기는 것

"빌린 돈을 갚기만 하면 되지
왜 담보가 필요합니까?"
"그게 규칙이니까요."
"아, 그래요?
그럼 규칙을 바꾸면 되겠네요."

유누스는 규칙을 바꾸기로 했다.
그래서 직접 은행을 설립했다.

'그라민 은행'

신용 보증 : 담보 능력이 부족한
개인이나 기업이 빌린 돈을 꼭 갚을
것임을 다른 이가 보증하는 것

그라민 은행에서는
돈을 빌릴 때 특별한 자격이 필요했다.
담보? 필요 없음.
신용 보증? 필요 없음.

대출을 받을 때 필요한 단 하나의 자격은
'하위 25% 내에 속하는 가난한 사람일 것'

"우리 은행에서 돈을 빌리기 위해서는
가난하다는 것만 증명하면 됩니다."

대출을 받을 수 있는
최고의 자격, 가난!

"그들이 가난한 것은 게으름 때문만이 아니다.
그들이 아주 적은 자본금조차
손에 넣을 수 없었기 때문이다."

자본금 : 장사나 사업을 시작하기
위해 밑천이 되는 종잣돈

유누스가 말한 아주 적은 자본금,
150달러도 안 되는 돈을 빌린 사람들은
일할 수 있는 발판을 마련할 수 있었다.

중고 재봉틀 한 대

송아지 한 마리

음식을 팔 수 있는 손수레······.

이러한 것들로

그들은 높은 이자를 내지 않고도

이전보다 좋은 환경에서

일할 수 있게 됐다.

일을 할 수 있게 된 사람들은

서서히

가난에서 벗어나기 시작했다.

과연 그들은

빌린 돈을 갚을 수 있었을까?

그라민 은행에서

대출을 받은 사람들의 99%가

원금을 갚았고

2006년

무하마드 유누스와 그라민 은행은

노벨 평화상을 수상했다.

"어떻게 그런 독창적인 은행을
생각할 수 있었나요?"
"기존 은행의 방식과 정반대로 했을 뿐입니다."

대출을 위한 새로운 규칙!
대출을 받을 수 있는 최고의 자격,

가난.

서민들을 위한 은행, 그라민 은행

그라민 은행은 1984년 방글라데시의 무하마드 유누스 교수가 돈을 빌리지 못해서 어려움을 겪는 사람들을 위해 만든 은행이에요. 가난한 사람들이 담보나 보증인 없이 150달러 이하의 돈을 빌릴 수 있도록 만들었어요. 처음에는 유누스 교수 자신이 가진 돈을 빌려 주기도 하고, 은행에서 대출을 받아서 빌려 주기도 했어요. 처음에 사람들은 담보도 보증도 없이 돈을 빌려 주었다고 유누스 교수를 비웃었어요. 하지만 신기하게도 대부분의 사람들이 착실하게 돈을 갚았어요. 150달러는 아주 큰 돈은 아니었지만 아무런 희망 없이 가난에 시달리던 사람들에게는 무언가를 시작할 수 있는 발판을 마련해 줄 수 있었어요. 그라민 은행에서 대출을 받은 사람들은 빌린 돈을 이용해서 장사를 하거나 돈을 벌었어요. 그 결과 대출을 받은 600만 명 중에서 절반 이상이 극심한 가난에서 벗어날 수 있게 되었지요. 2006년 유누스 교수와 그라민 은행은 이 공로를 인정받아 노벨 평화상을 수상하게 되었어요.

| 그라민 은행

우리나라의 서민 은행은?

우리나라에도 그라민 은행처럼 가난한 사람들을 위해 만들어진 재단이 있어요. 2009년 12월 정부 주도로 '미소금융 재단'이 탄생했어요. 아름다운 소액(아름다울 美, 적을 少) 대출로 서민들에게 희망을 주는 사업이라는 뜻을 지니고 있지요. 이 재단은 은행을 이용하기 힘든 서민들에게 작은 사업을 시작하거나 운영할 수 있는 돈을 담보와 보증 없이 대출해 주어요. 기업과 금융 기관에서 낸 기부금과 사람들이 은행에 맡겨 놓고 장기간 찾아가지 않는 휴면 예금 등의 자금을 바탕으로 운영하고 있지요.

문턱 없는 은행, 동자동 사랑방 협동조합

한 사람이 낸 5000원으로 한 사람을 도울 수는 없지만, 열 사람이 5000원씩 모으면 한 사람을 도울 수 있다고 말하는 사람들이 있어요. 문턱 없는 은행으로 알려진 '동자동 사랑방 협동조합' 사람들이에요. 한 평 남짓한 작은 공간, 몸 하나 간신히 누일 수 있는 쪽방에 사는 사람들끼리 정부나 기업의 도움 없이 돈을 모아 만든 조합이에요. 한 명당 매월 10만 원까지 저금할 수 있고 6개월간 꾸준히 저금하면 담보와 보증인 없이 누구든지 대출을 받을 수 있어요. 병원비, 교육비, 전기세, 치과 치료비, 부모님 교통비 등 사용처는 모두 다르지만 누구든지 빌려달라고 하면 돈을 빌려 주는 은행이에요. 이곳 사람들은 이 돈이 얼마나 힘들게 모인 돈인지 잘 알고 있대요. 그래서 아직까지 빌려간 사람 중에 갚는 것을 포기한 사람은 단 한 명도 없답니다.

은행은 어떤 곳일까?

은행은 사람들이 예금으로 맡긴 돈을 모아 회사와 사람들에게 빌려 주어요. 회사는 그 돈을 자금으로 해서 일자리를 늘리고 경제가 활발해지도록 하면서 돈을 벌어 은행에 이자를 내요. 은행은 그 돈으로 예금을 한 사람들에게 이자를 돌려 주지요.

이러한 은행은 언제 만들어졌을까요? 고대에서 중세에 걸쳐 유럽에서 교역이 활발해지자 다른 나라의 돈을 바꿔 주는 환전상들이 나타났어요. 자금이 모아 지기 시작하면서 돈을 꾸어 주는 역할도 함께 했어요. 이들의 활동이 은행의 시초가 되었지요. 처음에는 단순히 돈을 보관하는 역할을 하다가 보관된 화폐 를 상인들끼리 서로 주고받을 수 있는 대체 은행으로 발전했어요. 그리고 근 래에 예금 은행으로 발달하게 된 거예요. 은행은 하는 일에 따라서 중앙은행 과 일반 은행, 그리고 특수 은행으로 나뉘어요.

〈중앙은행〉

중앙은행이 하는 역할 중에 가장 중요한 것은 화폐를 발행하는 일이에요. 우 리나라의 중앙은행은 어디일까요? 바로 한국은행이에요. 우리나라에서 사용 하는 지폐와 동전은 모두 한국은행에서 발행해요.

중앙은행은 정부의 은행 역할을 해요. 국민들이 일반 은행에 가서 세금을 내 면 일반 은행은 그 세금을 한국은행으로 보내요. 한국은행은 세금을 모아 두 었다가 정부가 돈이 필요할 때 쓸 수 있도록 내어 주고 정부가 급하게 돈이 필 요할 때 돈을 빌려 주는 일도 하고 있어요.

또한 중앙은행은 일반 은행을 위한 은행 역할도 맡고 있어요. 사람들이 일반 은행에 저축을 하고 대출을 받는다면 일반 은행들은 한국은행에 저축을 하고 대출을 받아요. 은행에 갑자기 돈이 떨어지면 한국은행에서 긴급 자금을 지원 받을 수 있어요.

중앙은행은 나라가 가지고 있는 외국 돈 의 양을 조절하기도 하고, 경제 문제와 관 련된 조사와 통계를 내는 일도 해요. 나라 의 전반적인 경제와 돈의 관리를 담당하 는 은행이라고 할 수 있지요.

| 한국 은행

〈일반 은행〉

우리가 거리에서 볼 수 있는 대부분의 은행이 바로 일반 은행이에요. 은행이 하는 가장 중요한 일은 '예금' 업무지요. 개인이나 기업의 돈을 저축했다가 찾으려고 할 때 이자와 함께 돌려 주는 일을 해요.

은행은 돈이 필요한 사람에게 돈을 빌려 주는 '대출' 업무도 하고 있어요. 개인이나 기업이 저축한 돈을 모았다가 돈이 필요한 개인이나 기업에게 이자를 받고 빌려 주는 일을 해요. 그렇게 받은 돈을 저축한 사람에게도 나누어 주는데 우리가 저축을 하고 받는 이자가 바로 그 돈이에요.

은행은 돈을 주고받는 '송금' 업무도 해요. 은행 업무를 하는 곳이라면 국내건 해외건 온라인으로 돈을 보내고 받을 수 있어요. 은행은 지폐와 동전을 바꿔 주거나 외국 돈과 우리나라 돈을 바꿔 주는 환전 업무도 해요.

또 세금, 등록금, 공과금, 벌금 등을 낼 수 있게 해 주고 신용 카드와 관련된 일도 하지요. 그 밖에도 중요한 서류나 귀금속 등 물건을 보관해 주는 일을 하기도 해요.

〈특수 은행〉

특수 은행은 일반 은행과 달리 특별한 법에 따라 설립된 은행을 말해요. 특수 은행은 은행 업무와 특별한 업무를 함께 하는 은행이에요. 은행의 설립 목적에 맞게 특별한 조건을 가진 사람들에게 혜택을 주어요.

예를 들어서 농민이 농협에 돈을 맡기면 이자를 더 주고, 돈을 빌려 줄 때도 이자를 덜 받는 식이에요. 특수 은행으로는 농민들을 위한 농협, 어민들을 위한 수협, 작은 기업들을 위한 중소기업 은행, 수출입 업무를 위한 한국수출입 은행, 산업 발전을 위한 한국산업 은행 등이 있어요. 한국은행은 중앙은행이면서 특수 은행이기도 하지요.

09 사치와 낭비로 폐인이 된 〈채무 왕〉

★ 채무와 신용, 뗄 수 없는 관계

'신용도'란 무엇일까?

또 신용도가 높다는 것은 어떤 의미를 가질까?

'채무 왕'이라 불리던 한 사람의 이야기를 통해서

우리에게 필요한 경제 개념을 배워 보자.

대한제국 시절

사치와 낭비로

재산을 탕진한 귀족 윤씨.

그러나

권력의 실세인 그에게

돈을 빌려 주겠다는 사람들은

끊이지 않았다.

생각해보기 부모님 몰래 친구에게 돈을 빌린 적이 있나요?

그러다 눈덩이처럼 불어난 빚,

빚을 갚으라는 독촉을 감당하지 못하게 된 윤씨,

순종 황제를 찾아가서 떼를 쓴다.

"폐하, 제 빚 좀 갚아 주시옵소서."

귀족 윤씨는 도대체 누구일까?

★★ 순종 : 조선 왕조의 마지막 왕.
일제의 강요로 한일 강제 병합 조약을
체결하면서 대한제국은 무너진다.

해풍부원군 윤택영 씨는 황후 폐하 가례 시에
빚진 것이 50~60만 원에 달하여 곤란이 가볍지
않으므로 황실에서 물어주기를 희망한다더라.
_(〈신한민보〉, 1910년 2월 16일 기사)

그의 이름은 윤택영

또 다른 이름은 해풍부원군.

부원군 : 왕의 장인을
가리키는 호칭

대한제국의 마지막 황제인

순종의 장인이다.

윤택영은 황실과 사돈을 맺기 위해서

여기저기서 큰돈을 빌려

황실에 선을 대었다.

그리고

황제의 장인이 되자

닥치는 대로 돈을 빌려서

호화로운 생활을 했다.

많은 돈을 빌린 윤택영은
무사할 수 있었을까?

당시

대한제국은

일본의 침략 위협을 받으며

나라의 운명이 위태로운 상태였다.

나라가 오늘 망할지 내일 망할지

모르는 순간에도

황제인 사위에게

돈 달라고 생떼를 부리는 윤택영.

급기야

빚에 시달리던 윤택영은

자신의 딸이 황후임에도 불구하고

조국에 등을 돌리고

일본의 편에 서서

한일 강제 병합에 앞장선다.

정말 빚을 많이 지면
나라도 팔아먹을 수 있을까?

이 한 몸 잘살면 그만이지
나라가 무슨 대수인가?

105

그리고 마침내
1910년 한일 강제 병합에
적극적으로 앞장선 공로로

후작 작위와 함께 많은 돈을
일본으로부터 받는다.

한일 강제 병합 조약 : 1910년 일본의
강압으로 대한제국의 통치권을 일본에
넘겨 주기로 한 대한제국과 일본의 조약

후작 : 귀족의 다섯 작위 가운데 하나로
공작의 아래, 백작의 위이다.

반면
윤택영의 딸 순정효황후 윤씨는
친일파 대신들이
'한일 강제 병합 조약에 옥새를 찍을 것을 강요하자
옥새를 치마 속에 숨기며
끝까지 저항했다.

한편
윤택영의 사치스러운 생활은 계속돼
그렇게 많은 돈을 받았음에도
빚은 더 늘어갔다.

결국, 1920년 7월
윤택영은 중국으로 도망을 간다.

그리고
중국에서 엿장수로 떠돌다
환갑의 나이에도
고국으로 돌아오지 못한 채
베이징 변두리 허름한 병원에서
홀로 쓸쓸히 세상을 떠났다.

환갑 : 육십갑자의 갑이
되돌아온다는 뜻으로
예순한 살을 이르는 말

조선의 마지막 황비, 순정효황후

윤택영의 딸 순정효황후는 어진 성품과 꿋꿋한 절개를 가진 황후였어요. 열세 살에 황태자비로 정해졌으며, 이듬해 순종황제가 즉위하자 황후가 되었지요. 일제가 순종에게 한일 병합 조약에 옥새를 찍을 것을 요구할 때, 병풍 뒤에 숨어서 엿들은 황후는 옥새를 치마 품에 감추고 내놓지 않았어요. 어이없게도 이때 순정효황후에게서 강제로 옥새를 빼앗아 간 사람은 순정효황후의 큰아버지이자 관료인 윤덕영이었어요. 남달리 품성이 어질던 순정효황후는 가족들의 방탕한 생활 때문에 편할 날이 없었어요. 채무 왕인 아버지에, 한일 강제 병합에 앞장선 큰아버지를 보는 순정효황후의 마음이 어땠을까요? 순정효황후는 비극적인 삶을 살았지만 끝까지 황후의 위엄과 품위를 잃지 않다가 1966년 2월 3일 세상을 떠났어요.

1997년 IMF 사태를 아나요?

IMF란 국제 통화 기금(International Monetary Fund)을 말해요. 세계적으로 국가를 상대로 하는 국제 금융 기구예요. 나라에 돈을 빌려 주고 받는 일을 포함해 여러 가지 일을 한답니다. IMF는 1945년에 설립되어, 1947년 3월부터 국제 부흥 개발 은행(IBRD : International Bank for Reconstruction and Development)과 함께 업무를 했어요. 본부는 미국 워싱턴 D.C.에 있지요.

이 IMF가 우리 대한민국 사람들의 생활 속에 깊숙이 들어온 사건이 1997년도에 일어났어요. 흔히 'IMF 사태'라고 불리는 국가 부도 위기가 닥쳤답니다. 부도란 빚은 많이 졌는데 갚을 능력이 없어진 상태를 말해요. 그렇다면 국가 부도란 뭘까요? 국가가 다른 나라나 기업에 많은 빚을 졌는데, 빚을 갚을 능력이 없는 상태가 된 것을 말하지요.

1997년 12월 3일 우리나라는 국가 부도 위기에 빠졌어요. 다른 나라에서 달러로 많은 돈을 빌려 왔는데 갚을 돈은 턱없이 부족했지요. 그래서 국제 금융 기구인 IMF에 도움을 요청하게 됐어요. 우리나라는 IMF에 195억 달러, 우리 돈으로 약 20조 원에 달하는 돈을 빌렸어요. 당시 많은 기업들이 문을 닫았고, 수많은 노동자들이 일자리를 잃었어요. 다행히 4년 후, 2001년 8월 우리나라 정부는 IMF에서 빌린 돈을 모두 갚았어요. IMF 사태에서 벗어나는 데 성공한 것이지요. 세계인들은 우리가 불과 4년 만에 빚을 모두 갚은 사실에 깜짝 놀랐어요. 참고 인내하며 IMF 사태를 이겨 낸 한국인의 국민성을 칭찬했답니다.

신용이 높은 사람, 낮은 사람

갚아야 할 돈을 갚지 못해서 빚을 지고 있는 것을 부채라고 해요. 부채가 많아지면 정상적인 경제 생활이 불가능해지고, 신용에도 문제가 생기게 돼요. 신용도는 얼마나 많은 부채를 졌는지, 이자를 제때 잘 내고 있는지에 따라 달라져요. 만일 버는 소득에 비해서 너무 많은 빚을 지고 있거나, 이자를 못 내고 지체하거나, 공과금을 제때 내지 않으면 신용 등급이 떨어져요.

신용 등급이 떨어지면 급히 돈이 필요할 때 은행에서 돈을 빌리기 어렵고, 신용 카드의 발급이 안 되거나 있던 카드마저 사용할 수 없어질 수도 있고, 과도한 빚으로 쪼들리다 파산하는 등 경제 활동이 어려워져요.

그렇다면 신용이 나빠지지 않으려면 어떻게 해야 할까요? 먼저 돈을 빌릴 때 갚을 수 있는지 잘 생각해 봐요. 그리고 돈을 빌렸다면 빌린 돈에 대한 이자는 정해진 날짜에 반드시 내야 해요. 신용 카드를 사용할 때는 이용 금액이 소득을 넘지 않게 쓰는 것이 좋아요.

이웃과 더불어 사는 경제

인간의
가치를 실현하다

10 가볍게 사는 법, 〈일주일 3km 다이어트〉

★ kg 다이어트? km 다이어트?

우리가 먹는 음식들은 어디서 오는 것일까?
식탁에 오르기까지 얼마나 먼 곳을 돌고 돌아 왔는지 알 수 있을까?
세계적으로 가까운 자기 지역에서 난 먹을거리를 고집하는
사람들이 늘어가는 이유를 알아보자.

다이어트를 한다.
날씬하고 건강한 몸을 위해서
체중을 줄인다.

그리고
보다 나은 삶을 위해 시작하는
또 다른 다이어트.

무엇을 줄일까?

생각해보기 오늘 먹은 음식 중 수입품은 얼마나 있었나요?

2008년 어느 날,
호주의 생태 마을에 머물던
스물네 살의 한국 대학생이
실험을 시작했다.

실험 대상 : 본인
실험 명 : 반경 3km 내에서 생산되는
음식만으로 일주일 살기

빵, 커피, 초콜릿은
3km 밖에서 만들어지므로 포기

먹을 수 있는 것은
텃밭에서 나는 채소와
나무에서 딴 열매.

내가 사는 곳의 반경 3km 내에서
생산되는 음식은?

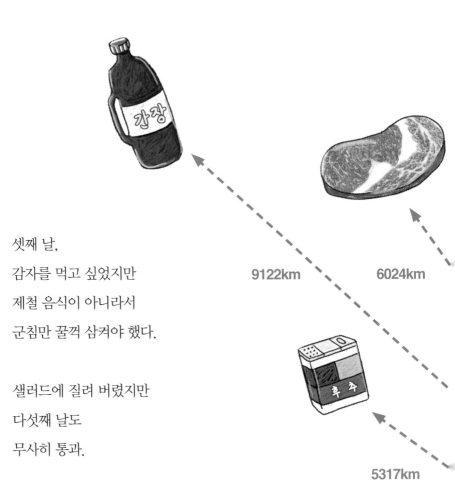

셋째 날,

감자를 먹고 싶었지만

제철 음식이 아니라서

군침만 꿀꺽 삼켜야 했다.

샐러드에 질려 버렸지만

다섯째 날도

무사히 통과.

일주일 동안

'푸드 마일 3km 다이어트'를 성공했다.

그런데 푸드 마일은 무엇이지?

9122km

6024km

5317km

'푸드 마일'
식료품이 생산지로부터
생산, 운송, 유통 단계를 거쳐
소비자의 식탁에 오르기까지의 이동 거리를 말한다.

만약 서울에서 불고기를 먹는다면
불고기의 푸드 마일은?
소고기 6024km
간장 9122km
후추 5371km
= 2만 517km

왜 이렇게
긴 거리가 나왔지?

소고기는 호주산(호주까지의 거리 6024km)

간장의 원료인 콩은 미국산(미국까지의 거리 9122km)

후추는 인도네시아산(인도네시아까지의 거리 5371km).

모두 2만 517km의 거리를 이동해 밥상까지 왔다.

서울에서 부산까지 25번을 왕복할 수 있는 거리.

지금 이 순간에도 음식물은
전 세계 국경을 넘나들고,
푸드 마일이 쌓이고 있다.

★★ 온실가스 : 지구의 대기를
오염시켜 지표의 온도를 올리는 가스.
이산화탄소, 메탄 등

그 거리만큼
온실가스가 배출되고 있다.

★★ 푸드 마일리지 :
푸드 마일 × 음식물의 무게,
단위는 tonkm(톤킬로미터)

고작 불고기 한 접시에 2만 517km!
하루 동안 먹는 음식을
모두 합한다면?

우리나라 국민 1인당 푸드 마일리지는
7085tonkm(톤킬로미터)로 꾸준히 증가하고 있다.
_(환경부 국립환경과학원 자료, 2012. 5.)

그리고 여기
푸드 마일을 줄이기 위해
노력하는 사람들이 있다.

캐나다 벤쿠버에서
100마일(161km) 내에서 생산된
'지역 먹을거리 먹기 운동'을 펼치는 사람들과

쿠바 아바나 도시 주택가,
영국 레딩 학교 정원,
캐나다 퀘백 건물 옥상,
일본 도쿄 빌딩 숲에서
텃밭을 일구는 수많은 사람들.

이들은 우리가
무심코 쌓아 온 푸드 마일을
줄이기 위해 오늘도 노력한다.

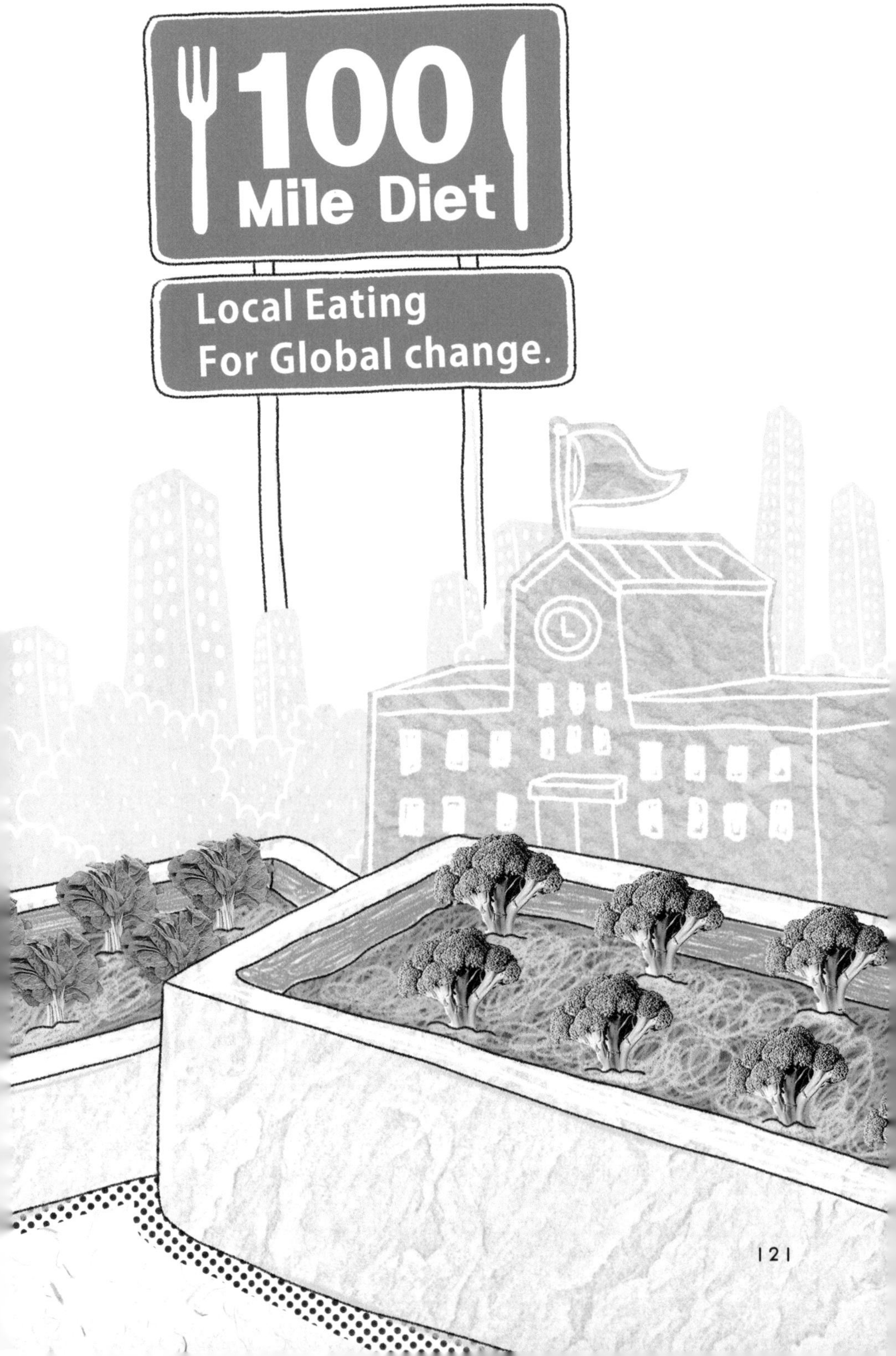
100
Mile Diet
Local Eating
For Global change.

푸드 마일리지가 높으면 왜 안 좋을까?

푸드 마일은 먹을거리가 생산자의 손을 떠나서 소비자의 식탁에 오르기까지의 이동 거리를 말해요. 푸드 마일리지는 곡물과 축산물, 수산물 등 9개 수입 품목을 대상으로 생산지에서 소비지까지의 수송 거리(km)에 식품 수송량(ton)을 곱해 계산해요. 푸드 마일리지가 많을수록 먼 지역에서 수입한 식품을 많이 먹고 있다고 할 수 있어요. 당연히 푸드 마일리지가 높으면 높을수록 운송, 소비 과정에서 발생하는 환경 부담도 늘어나요. 왜 그럴까요?

푸드 마일리지가 높은 식품은 멀리서 수입하는 식품이니 운송하는 데 오랜 시간이 걸려요. 식품을 오랜 시간 동안 신선한 상태로 유지하려면 방부제나 살충제를 많이 사용해야 돼요. 또 먼 거리까지 운송하는 데는 차나 배, 비행기를 이용해야 하므로 많은 연료가 필요해요. 식품을 운송하는 동안 연료를 소비하면서 이산화탄소를 많이 배출시키므로 환경에도 나쁜 영향을 주게 돼요.

우리나라의 푸드 마일리지는?

우리나라의 푸드 마일리지는 어떨까요? 안타깝게도 갈수록 높아지고 있어요. 2012년 5월 환경부 국립환경과학원이 발표한 자료를 보면, 2001년 우리나라 국민 1인당 푸드 마일리지는 5172tonkm였는데, 2010년에는 7085tonkm로

37%나 높아졌어요. 조사 대상국인 한국, 일본, 영국, 프랑스 중 가장 높은 수치로, 739tonkm를 기록한 프랑스의 약 10배에 맞먹지요. 우리나라의 푸드 마일리지만 높아졌다는 것은 우리의 밥상에 수입 식품이 차지하는 비중이 더 커졌다는 것을 의미한답니다. 반면, 일본, 영국, 프랑스는 모두 2003년보다 푸드 마일리지가 낮아졌답니다.

푸드 마일리지는 왜 높아졌을까?

우리나라의 푸드 마일리지 높아진 이유는 곡물 때문이에요. 우리나라의 푸드 마일리지 가운데 절반 이상을 차지하는 것은 밀가루, 옥수수 같은 곡물이거든요. 2001년에는 약 480만ton 정도를 수입했는데 2010년에는 884만ton을 수입해 거의 2배 가까이 늘어난 셈이지요. 몇몇 나라와 농수축산물 수입 자유화 협약을 체결하게 되면서 수입이 쉬워졌기 때문이에요. 게다가 수입된 농수축산물은 우리나라의 농수축산물보다 싸서 국내에서도 잘 팔려 나갔어요.

나라와 나라가 물건을 사고파는 것, 무역

요즈음에는 작은 가게에서도 다른 나라 물건을 쉽게 살 수 있어요. 포도는 칠레산, 쇠고기는 호주산, 콩은 중국산, 밀가루는 미국산. 또 외국에 나가면 우리나라 자동차, 휴대 전화기, 텔레비전 같은 물건들을 쉽게 찾을 수 있어요. 바로 우리나라와 다른 나라가 무역을 하기 때문이에요. '무역'은 나라와 나라가 물건을 사고파는 일을 말해요.

우리나라의 물건이나 서비스를 외국에 파는 일은 '수출'이라고 하고, 외국의 물건이나 서비스를 사 오는 일은 '수입'이라고 해요. 그런데 무역은 왜 하는 걸까요? 세계 여러 나라마다 자연 환경, 기술, 잘 만들 수 있는 물건이 각각 다르기 때문이에요. 예를 들어 사우디아라비아에서는 석유가 많이 나고 인도네시아에는 가구를 만들 수 있는 목재가 많아요. 우리나라는 자원은 많지 않지만 대신 자동차, 휴대폰 같은 물건을 잘 만들지요. 이렇게 나라마다 생산할 수 있는 자원과 상품이 다르고 기술, 품질, 생산량이 다르기 때문에 무역을 하는 거예요. 각 나라가 싸게 잘 만들 수 있는 것을 중점적으로 생산하고, 다른 나라의 상품과 바꿔 쓰는 거지요.

신라 시대 해상 무역왕, 장보고

우리나라는 삼국 시대부터 다른 나라들과 활발하게 무역을 했다는 기록이 있어요. 주로 인삼과 종이를 수출하고 비단과 책 등을 수입했는데 고려 시대에는 비단길을 따라 아라비아 상인들까지 우리나라를 찾아왔대요.

우리나라의 무역의 역사를 이야기할 때 빼놓을 수 없는 인물이 있어요. 바로 해상왕 장보고예요. 장보고는 통일 신라 시대의 무장으로 신라의 해상 호족이었어요. 일찍부터 당나라에 건너가 무술을 익혀 군인이 된 장보고는 흥덕왕 때(828년) 신라로 돌아와 왕에게 "신라인들이 해적들에게 납치되어 노예로 팔리고 있습니다."라고 고했어요. 그리고 완도에 군사 거점을 세워 줄 것을 요청했지요. 완도에 청해진을 세운 장보고가 신라인들이 노예로 팔려나가는 것을 막았다는 사실은 한번쯤 들어 봤을 거예요.

본래의 목적대로 해적을 다 물리친 장보고는 평화를 찾은 바다에서 무역을 시작했어요. 통일 신라 시대에는 사회적 변화에 따라 외래 문물에 대한 욕구가 점차 강해지던 시기였어요. 국가에서 주도하는 관무역으로는 이러한 욕구를 다 충족할 수 없어서, 일반 국민들이 참여하는 작은 규모의 사무역도 시작됐지요. 이런 때에 장보고는, 세계를 무대로 한 민간 자유 무역을 발전시켜 나갔어요.

장보고는 중국에서 생산된 물건을 수입했을 뿐만 아니라 신라나 일본의 무역품들도 활발하게 중국으로 수출했어요. 또한 일본과의 무역도 활발히 했어요.

일본 귀족들에게 신라에서 생산한 생활용품을 직접 팔기도 했지만, 이슬람 국가나 동남아시아에서 중국으로 들어온 것을 일본에 연결하는 중계 무역도 활발하게 했지요. 문성왕 때(840년)는 일본에 무역 사절을 파견하고 당에도 무역 사절인 견당매물사를 보내기까지 했답니다.

고대의 무역로, 실크로드

옛날 사람들은 어떻게 무역을 했을까요? 비행기도 없고 항해 기술도 발달하지 않았던 옛날에는 주로 말을 타거나 걸어다니며 무역을 했어요. 고대 아라비아 상인들은 말이나 낙타에 짐을 싣고 산을 넘고 사막을 건너서 중국으로 물건을 팔러 갔어요. 중국 상인들도 마찬가지였지요. 이때 아라비아 상인들이 중국에서 주로 사간 물건이 비단, 즉 실크였기 때문에 상인들이 오간 길을 실크로드라고 불렀어요. 실크로드를 통해서 동양의 신비한 물건들이 서양에 전해지고, 서양의 문화가 동양으로 전해지면서 동서양의 문화 교류가 이루어진 거지요.

실크로드의 지배자, 칭기즈 칸

칭기즈 칸은 몽골 초원에 뿔뿔이 흩어져 사는 유목민들을 하나로 통합해서 몽골 제국을 만들었어요. 강력한 몽골 제국을 만들고 싶었던 칭기즈 칸은 제일 먼저 실크로드를 장악했어요. 동양과 서양의 무역이 이루어지던 실크로드를 정복한 자가 무역의 주도권을 잡을 수 있다고 생각했기 때문이지요. 실크로드를 장악한 칭기즈 칸은 이를 바탕으로 중국과 서유럽을 정복하고 대몽골 제국을 세웠어요. 훗날 손자인 쿠빌라이 칸이 역사상 가장 큰 제국을 만들 수 있는 발판을 마련했지요.

11 돈으로 사는 돈, ⟨원과 달러⟩

★ 나라 사이에 돈과 돈을 맞바꿀 때의 비율, 환율

세계 여러 나라는 각각 다른 화폐를 사용한다. 나라 사이에 돈을
주고받을 때는 환율이 정한 가치에 따라 돈으로 돈을 산다.
물건 가격처럼 오르내리는 환율이
우리 생활에 어떤 영향을 끼치는지 알아보자.

돈이 온 세상을
돌고 도네.

대한민국은 원(₩)

미국은 달러($)

일본은 엔(¥)

유럽은 유로(€)

나라마다 다른 화폐

빵 가격이 오르고 내리듯이

오르고 내리는 1달러의 가격.

 오늘, 우리나라 돈으로 1달러를 사려면 얼마가 필요한가요?

각각 다른 화폐를 사용하는 나라 사이에

돈을

빌려 주고

빌릴 때

재화와 서비스를

수출하고

수입할 때

어떤 화폐를 사용하면 좋을까?

나라 사이에 이루어지는
대부분의 거래에서는
주로 달러를 사용한다.

달러는
미국의 화폐이자
전 세계 화폐의 기준이 되는
기축 통화.

★★ 기축 통화 : 나라와 나라 간 거래에서
기본이 되는 화폐를 이르는 말.
현재 주요 기축 통화는 미국의 달러

인쇄기로 직접 달러를 찍어 내는
미국을 제외하고

다른 여러 나라들은
필요한 달러를 사서 써야 한다.

그래서 매겨지는 달러의 가격.

달러를 산다?
돈으로 돈을 산다?

빵의 가격이

오르고 내리는 것처럼

1달러 가격도

오르고 내린다.

한국 돈으로 살 수 있는

1달러의 가격을

'원 · 달러 환율'이라고 한다.

★
★★ 환율 : 국가 간의 돈을 거래할 때
각 나라끼리 돈의 가치를 계산하여
교환하는 비율

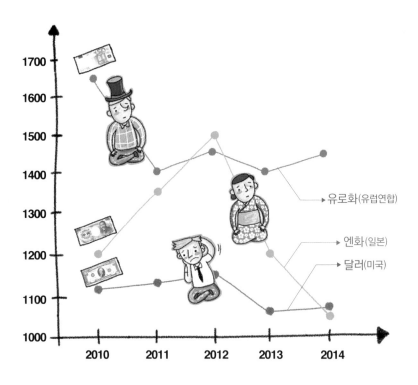

유로화(유럽연합)

엔화(일본)

달러(미국)

환율이 달라지면
물건 가격도 달라진다.

환율이 오른다는 말은
1달러의 가격이 오른다는 뜻이다.

그래서
환율이 오르고 내리면

달러를 주고 사는
물건의 가격도 오르고 내린다.

달러를 받고 파는
물건의 가격도 오르고 내린다.

또 무엇이 달라질까?

수입과 수출 그리고 물가에도
큰 영향을 미치는 환율.

환율이 달라지면
자동차, 휴대폰 등
수출품의 가격 경쟁력이 달라져서
우리나라 기업의 이익이 달라지고

원유, 곡물, 원자재 등
수입품의 가격이 달라져서
수입 원료로 만드는
생필품의 가격도 달라진다.

그래서
환율이 달라지면
여러 가지 상품들의
평균적인 가격이라 볼 수 있는
물가도 영향을 받게 된다.

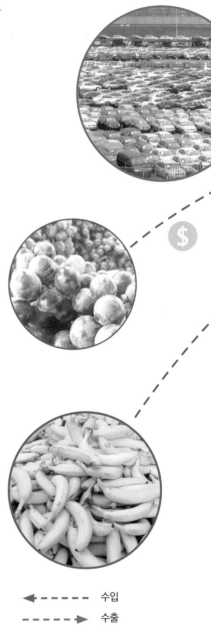

◄ ─ ─ ─ ─ ─   수입
─ ─ ─ ─ ─ ►   수출

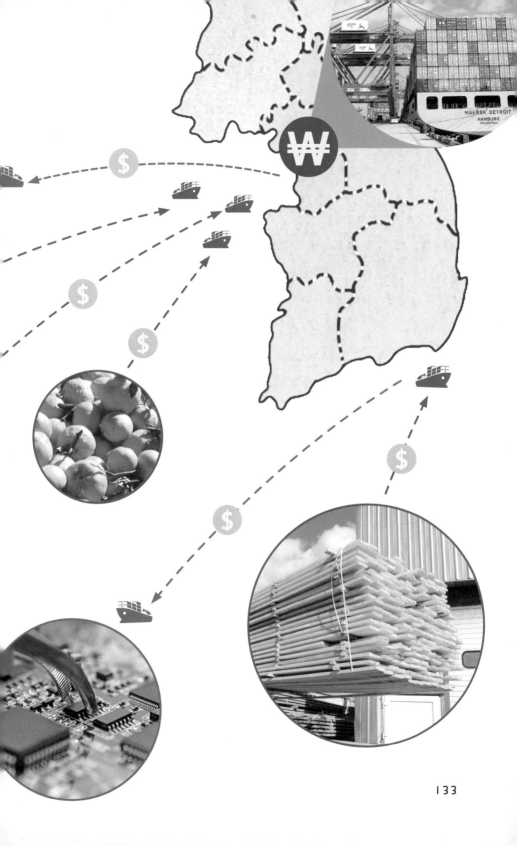

환율로 계산하면 환전이 척척!

해외여행을 가면 우리나라 돈을 다른 나라 돈으로 바꾸어야 해요. 나라마다 각각 다른 화폐를 사용하기 때문이에요. 우리나라 돈의 화폐 단위는 원, 미국은 달러, 중국은 위안, 유럽 연합은 유로를 사용해요. 그래서 외국에 갈 때에는 그 나라의 화폐로 바꾸는 것이지요. 환율이란 돈과 돈을 바꿀 때 교환하는 비율을 말해요. 돈을 다른 나라 돈으로 바꾸는 것을 '환전'이라고 해요. 그렇다면 우리나라 돈을 다른 나라의 돈으로 환전할 때는 어떤 기준으로 계산해야 할까요? 이때 필요한 것이 환율이에요.

환율은 서로 다른 나라의 돈을 바꿀 때 사용하는 가치 기준을 말해요. '원·달러 환율'이란 1달러의 가격을 원화로 표시한 것이에요. 만일 환율이 1000원이라면 1달러와 1000원을 맞교환할 수 있다는 말이에요. 반대로 미국에서 원화를 구입하려고 한다면 '달러·원 환율'을 봐야 해요. 다른 나라의 화폐도 마찬가지예요. '원·위안 환율'은 무엇일까요? 1위안과 교환하기 위해서 필요한 원화가 얼마인지 표시한 것이에요. 원·위안 환율이 180원이라면 1위안 가지기 위해서 180원을 내야 한다는 뜻이지요.

환율은 누가 정할까?

예전에는 환율을 정부에서 결정하는 나라가 많았어요. 환율이 매일 오르락내리락하지 않고 정부에서 결정한 환율이 길게는 몇 달씩 유지되곤 했어요. 이것을 '고정 환율 제도'라고 해요. 만일 정부가 국제 경제를 고려해서 1달러의 환율을 1000원으로 정하면 그것을 기준으로 사용하는 것이지요. 하지만 세계 경제 상황이 매일 달라지고 여기에 따라 돈의 가치도 변하기 때문에 요즘에는 고정 환율 제도를 잘 쓰지 않아요. 대신 외환 시장에 의존하는 방식으로 환율을 결정해요. 시장에서 물건을 사고팔듯 외국 돈도 물건처럼 사고팔 수 있는데, 나라별 돈이 거래되는 시장을 외환 시장이라고 해요. 환율은 외환 시장에서 사려는 사람들과 팔려는 사람들 사이에서 그때그때 상황에 맞게 조정돼요. 이렇게 환율을 시장에서 알아서 결정하는 제도를 '변동 환율 제도'라고 해요. 요즘은 대부분의 나라에서 변동 환율 제도를 사용하고 있어요.

오르락내리락, 환율은 변덕쟁이

환율은 여러 가지 이유로 하루 동안에도 끊임없이 오르고 내려요. 1달러에 1000원이었던 것이 1500원이 되었다면 "환율이 올랐다."고 말하고, 1달러가 900원이 됐다면 "환율이 내렸다."고 말해요. 외국 돈에 대한 우리 돈의 비율이 올라가면 환율이 오른 것이고, 외국 돈에 대한 우리 돈의 비율이 내려가면 환율이 내린 거지요.

그런데 환율이 오르면 어떻게 될까요? 연필을 만들어서 한 자루에 1달러를 받고 수출하는 기업은 원·달러 환율이 1000원일 때 연필 10자루를 수출하면 10달러(1만 원)를 받아요. 그런데 원·달러 환율이 1100원으로 오르면 연필 10자루를 수출하고 11달러(1만 1000원)를 받을 수 있어요. 똑같이 연필 10자루를 수출하지만 환율이 오르면 더 큰 돈을 받게 되지요. 이렇듯 환율이 오르면 수출하는 기업들은 더 유리해져요. 반대로 환율이 오르면 어떻게 될까요? 크레파스 1개에 1달러를 주고 수입하는 기업이 있어요. 원·달러 환율이 1000원일 때는 1만 원을 주면 크레파스 10개를 수입할 수 있어요. 하지만 원·달러 환율이 1100원으로 오르면 크레파스 10개를 수입하는 데 1만 1000원이 필요해요. 수입하는 기업은 환율이 오르면 불리해지는 걸 알 수 있어요.

12 상속세 폐지를 반대한 〈세계 제일의 부자〉

★ 더 많이 나누기를 선택한 어느 부자들의 이야기

재산이 많은 미국의 부자들. 그들은 자녀에게 남기는 유산에
부과하는 세금인 상속세의 폐지를 주장했다.
하지만 미국의 세계적인 갑부 워런 버핏은 상속세 폐지에 반대했다.
왜 그랬을까?

사람이 이 세상을 떠나며
가족에게 남기는 재산,

유산.

매년 미국 경제 상위 2%의 사망자가
가족에게 남기는 유산은?

10억 원 이상인 사람은 약 4만 4000여 명,
약 50억 원 이상인 사람은 약 4000여 명이다.

_(미국 하원 발표, 2005)

 내가 부자라면 유산 상속은 어떻게 하고 싶나요?

유산에 부과되는 세금,

상속세.

미국에서는 남긴 유산에 최고 55%까지 부과된다.

그리하여

부자들은 정부에 상속세 폐지를

강하게 요구했다.

"왜 우리 부자들은 죽을 때도

세금을 내야 하는가?

영원히 상속세를 폐지하라!"

내가 벌어서
내가 주고 싶은 사람에게
주겠다는데
왜 나라에 세금을 내야 합니까?

이에

2001년 대통령 선거에 나온 부시는

상속세 폐지를 공약으로 발표한다.

부자들은 환호했다.

그러나……

상속세가 폐지되면
정말 좋은 것일까?

워런 버핏,

재산 585억 달러

미국 부자 순위 2위.

_(〈포브스〉, 2013년 9월)

재산의 99%를

사회에 환원하겠다고 약속한

워런 버핏은

상속세 폐지를 반대했다.

상속세가 폐지되지 않으면

가장 많은 상속세를 내야 하는

워런 버핏,
왜 상속세 폐지를 반대했을까?

"부를 쌓는 것은
사회 구성원의 도움 없이는 불가능하다.
부자들은 사회에서
가장 큰 혜택을 본 사람들이다."

그는
부자를 존재할 수 있게 하는
버팀목은 서민층과 중산층이라고
생각했다.

서민층 : 경제적으로 중류 이하의
넉넉하지 못한 생활을 하는 사람들

중산층 : 중간 정도의 재산을
가진 사람들. '중간'의 의미는 사회마다
조금씩 차이가 있음.

"상속세가 폐지되면
서민층과 중산층이 설 자리를 점점 잃어
자본주의 자체가 타격을 입을 것이다."

부자들이 내는 상속세는
서민층과 중산층이 무너지지 않도록
각종 복지에 사용되고 있다.

"'2%의 미국인을 위해
상속세를 폐지하면
대다수의 중산층과 서민층이
부족한 세금을 부담할 것이다."

워런 버핏 외에도
자식에게 전 재산을 물려주길 거부하는
부자 아버지들이 있다.

그들 중 가장 앞장선 아버지는
윌리엄 빌 게이츠.

빌 게이츠(1955~) : 마이크로소프트를
창업한 미국의 기업인

미국 부자 순위 1위,
재산 720억 달러(《포브스》, 2013년 9월)의
빌 게이츠는 이렇게 약속했다.

"내 자식에게는 극히 일부만을
남겨 줄 것이다.
나머지는 모두 사회에 환원할 것이다."

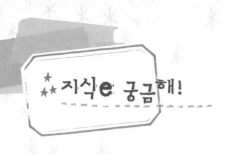
기부의 대가, 빌 게이츠 & 워런 버핏

빌 게이츠는 19살이던 1975년에 '마이크로소프트'를 차리고, 하버드 대학교를 중퇴하면서까지 열심히 일했어요. 그리하여 컴퓨터 운영 체계인 윈도우를 비롯해 여러 가지 획기적인 제품을 내놓았지요. 그리고 큰 성공을 거두었어요. 그런데 2008년, 빌 게이츠는 33년간 이끌던 마이크로소프트를 떠나서 자선 재단을 만들었어요. 그리고 720억 달러가 넘는 재산을 세 자녀에게 거의 물려 주지 않고 모두 기부하겠다고 발표했어요. 그리고 부인 멜린다와 함께 '빌앤멜린다 재단'을 만들었어요.

워런 버핏은 어릴 때 주요 도시의 인구나 자동차 번호판을 외우는 것을 좋아할 정도로 숫자에 관심이 많았대요. 대학을 졸업할 때까지 아르바이트를 해서 모은 목돈으로 주식 투자를 시작했어요. 그리고 자신이 직접 회사를 차려 펀드에 투자하기 시작하면서 많은 돈을 벌게 됐어요. 버핏은 가치 있는 주식을 찾아내서 오랫동안 소유하는 것으로도 유명해요.

게이츠와 버핏은 '세계에서 가장 부유한 사람' 자리를 놓고 다투던 사이였어요. 이제는 '세계에서 가장 기부를 많이 하는 사람'의 자리를 놓고 즐거운 경쟁 중이에요. 버핏은 빌앤멜린다 재단에 거액의 후원금을 기부했어요. 한편, 빌앤멜린다 재단은 세 사람 가운데 마지막 사람이 죽는 시점부터 50년 이내에 활동을 모두 마치기로 했대요.

| 워런 버핏

| 빌 게이츠

최고의 명문가, 경주 최 부잣집

300년이나 부를 유지했던 가문인 경주의 최 부잣집에는 대대로 내려오는 6가지 가훈이 있어요. 첫째, 과거를 보되 진사 이상 벼슬을 하지 마라. 둘째, 만석 이상의 재산은 사회에 환원하라. 셋째, 흉년에는 땅을 늘리지 마라. 넷째, 손님을 후하게 대접하라. 다섯째, 사방 백 리 안에 굶어 죽는 사람이 없게 하라. 여섯째, 시집온 며느리는 3년간 무명옷을 입어라.

최 부잣집 후손들은 대를 이어 가훈을 지키며 가문의 뜻을 이어 나갔어요. 최 부잣집의 3대손 최 국선은 흉년이 들자 농민들이 빌려 갔던 돈을 모두 탕감해 주고, 먹을 것이 없는 보릿고개에는 쌀 100석을 풀어서 사람들에게 나눠 주었어요. 12대손 최준에 이르러 일본에 나라를 빼앗기자 거액의 재산을 독립 자금으로 내놓았어요. 해방이 되자 전 재산을 교육 사업에 기부하였지요. 경주 최부잣집의 정신은 지금까지도 많은 사람들의 존경을 받고 있답니다.

재산은 무엇일까?

재산이란 개인이 마음대로 사들이거나 팔 수 있는 부동산이나 동산, 무형 재산을 통틀어서 말해요. 부동산은 우리가 살고 있는 집, 건물, 땅 등이 대표적인 것이에요. 자동차나 배는 가격도 비싸고 주인 이름으로 등록을 해야 하는 부동산이지요. 동산은 현금, 주식, 채권, 금, 보석 등이에요. 값비싼 골동품, 미술품 등은 대부분 현금으로 가치가 매겨지기 때문에 재산이 될 수 있지요. 무형 재산은 만질 수 없으면서 수익이 발생하는 재산을 말해요. 지적 재산권, 특허권, 인세 등이 대표적인 무형 재산이라고 할 수 있어요. 음악, 사진, 문학, 애니메이션 등 창작 작품은 모두 지적 재산권을 가질 수 있어요. 예를 들어 작가가 쓴 소설을 책으로 만들어 판매한 출판사는 일정한 수익을 저작료로 지급해요. 저작권은 나라별로 정한 기한까지 작가의 소유 재산이지요.

13 가난으로부터 백성을 구한 〈최고의 개혁〉

★ 땅을 가진 만큼 세금을 내야 하오!

조선 시대, 부자든 가난한 사람이든 똑같이 내던 세금 때문에
가난한 백성들은 큰 고통을 겪고 있었다.
그리하여 나온 '땅을 가진 만큼 세금을 내자.'는 대동법.
대동법이 전국적으로 시행되기까지 과정을 살펴보자.

조선 시대 최고의 개혁,

대동법.

대동법 시행으로 백성들은

세금의 80%를 줄일 수 있었다.

_(이정철, 한국학중앙연구원 장서각 연구소)

 세금은 누구나 똑같이 내야 할까요? 가진 만큼 내야 할까요?

조선 시대,

누구나 똑같이 내야 하는 세금

공납.

돈이 많든 적든

백성이라면 누구나

살고 있는 지역의 특산물을

정해진 양만큼 나라에 바쳐야 했다.

결 : 곡식 100짐을
수확할 수 있는 크기의 토지

논 100결을 가진 대감도

공납 : 지방의 특산물을
현물로 내는 세금 제도

소작농인 김 씨도

똑같은 양의 공납을 내야 했다.

세금을 누구나 똑같이 내는 것이
공평한 것일까?

심지어 이웃이

가난한 형편 때문에

공납을 내지 못하면

대신 그 공납을 내야 하기도 했다.

이 때문에 많은 백성들이

큰 고통을 겪었다.

당시

벼슬을 하기 전 10여 년 동안

직접 농사지으며 살았던

김육.

★★ 김육(1580~1658) : 조선 후기의 실학자.
국가 재정과 농민 생활 안정을 위해
대동법을 추진했다.

그는 가난한 사람들이

세금으로 고통 받는 것을 지켜 보면서

고민에 고민을 거듭했다.

김육이 찾은 해결책은?

땅을 가진 만큼 세금을 내게 하자.

드디어 관리가 된 김육은

일부 지역에서 시행은 되고 있으나

관리와 지주들의 반발에 막혀

전국적으로 확대되지 못한

'새로운 법'을 적극 시행할 것을 주장했다.

대동법

특산물로 내던 공납을

소유한 토지의 크기에 따라

쌀로 내는 세금 제도.

★★ 두 : 곡식이나 액체 등의 분량 단위.
1두는 18리터 정도이다.

★★ 결 : 세금을 계산할 때 쓰던 논밭
넓이의 단위로 그 넓이는 시대에
따라 달랐다.

토지 1결당 쌀 12두씩,

토지가 없으면

아예 내지 않아도 되는 제도.

토지를 많이 소유하고 있던
사람들은 모두
대동법 시행을 반대했다.

이에 평생 집 한 칸 없이
청빈한 삶을 살았던 김육은
죽기 직전까지 상소를 올렸다.

일부 시행되던 대동법 시행이
자신의 죽음으로
중단될까 염려해서이다.

당신들이 받은 혜택을
돌려 주는 것이잖소.

어허!
땅이
많다고
세금을 더
내라는 게
말이
됩니까?

1608년(광해군 즉위)

경기도를 시작으로

1651년 강원도와 충청도까지 시행된 대동법은

김육이 세상을 떠난(1658년) 후

호남 지역으로 확대됐으며

1708년(숙종 34년)

황해도 지역까지 시행되었다.

대동법을 시행한 지 100년 만에

비로소 전국적인 세금 제도가 된 것이다.

대동법 시행의 확대

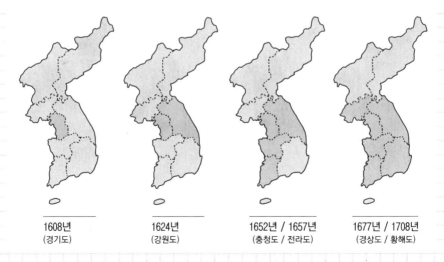

| 1608년 | 1624년 | 1652년 / 1657년 | 1677년 / 1708년 |
| (경기도) | (강원도) | (충청도 / 전라도) | (경상도 / 황해도) |

공납은 무엇일까?

조선 전기의 조세 제도는 크게 조세, 공납, 역으로 이뤄졌어요. 처음에 조세는 고려 때와 마찬가지로 수확량의 10분의 1을 냈어요. 세종 대왕 때는 흉년에는 조금 내고 풍년에는 많이 내는 식으로 바뀌기도 했지요. 역은 몸으로 일을 해서 세금을 내는 거예요. 성을 쌓거나 도로를 정비하거나 군대에 가서 나라를 지키는 걸로 세금을 내는 거지요.

백성들을 유독 힘들게 했던 세금은 공납이었어요. 공납은 해당 지역의 특산물을 중앙 정부에 바치는 것이었는데, 중앙에서 지방 관아에 부과하면 지방 관아는 백성들에게 배분해서 내게 했어요. 그런데 문제는 중앙에서 일괄적으로 부과하다 보니 지방의 형편을 고려하지 않는 경우가 많았다는 거예요. 기후 환경이나 여러 상황 때문에 특산물이 나지 않으면 백성들은 매우 곤란해졌어요. 한 포수의 이야기예요. 호랑이 가죽으로 만든 깔개 1개를 공납으로 바쳐야 하는 포수가 있었다고 해요. 하지만 포수가 사는 지역에서는 더 이상 호랑이가 잡히지 않았고, 포수는 공납을 바칠 수 없는 상황이 되어 버렸지요. 이때 관청의 서리가 이전에 미리 준비해 놓은 호랑이 가죽 깔개를 대신 내 주는 대가로 포수에게 무명 200필을 요구했어요. 무명 200필은 호랑이 가죽 깔개 몇 개를 살 수 있는 양이었지만 포수는 울며 겨자 먹기로 서리의 요구를 들어 줄 수밖에 없었지요.

공납의 폐해는 이것뿐만이 아니었어요. 공납 때문에 살기가 어려워진 농민들은 자신이 내야 하는 공물을 이웃이나 친척에게 미뤄 버리고 도망을 갔는데, 그런 경우가 점점 많아졌어요. 이러다 보니 백성들은 힘들고, 국가 수입은 감소되고, 중간 관리와 상인들만 이익을 보는 상황이 되었지요.

대동법

대동법은 각 가정이 내야 하는 공납을 특산물 대신에 농지의 크기에 따라 쌀로 대신 납부하는 것이지요. 토지를 가진 농민들은 농지 1결당 쌀 12두만 내면 되고 쌀로 납부하지 못할 때는 옷감이나 동전으로 내는 것도 가능했어요. 농민들의 입장에서는 비싼 특산물을 사는 대신 농사를 지은 쌀로 대신할 수 있으니까 훨씬 좋았지요. 게다가 자기 농지를 가지지 않고 다른 사람의 농지를 빌려서 농사를 짓는 소작농들은 세금을 내지 않아도 되었어요. 가난한 농민들의 부담을 크게 덜어 준 훌륭한 제도였지요.

대동법의 실시와 확대

공납의 문제를 해결하기 위해 선조 때(1569년) 이이(李珥)가 공납을 쌀로 내는 것을 건의했으나 실시되지는 못했어요. 그런데 임진왜란이 일어나고 군량미가 부족해지자 조정에서는 어쩔 수 없이 특산물 대신 쌀로 납부하기를 장려했지요. 그러나 전쟁이 끝나자 흐지부지 되고 말았어요.

| 김육

임진왜란이 끝나고 다시 공납의 폐해가 심각해졌을 때 광해군이 즉위했어요. 당시 영의정이었던 이원익은 대동법을 시행할 것을 재청했지요. 그리하려 경기도에서 처음 실시되었지요. 인조가 즉위하고(1626년) 강원도, 충청도, 전라도까지 실시되기도 했는데, 특산물을 공물로 바치는 것이 곧 백성들의 충성심이라고 여긴 인조와 신하들은 대동법 확대에 적극적이지 않았어요. 효종 즉위후, 김육·조익 등이 강력히 주장하면서 대동법이 전국적으로 확대된 거예요.

14 세계에서 가장 가난한 대통령, ⟨내 이름은 페페⟩

★ 페페 할아버지 이야기

어려움에 처한 많은 사람들을 지켜보면서
그들을 위해 대통령이 되겠다고 결심했던 페페 할아버지.
대통령이 되어서도 국민과 어려움을 똑같이 나누면서
가난을 물리치기 위해 일한 그는 어떤 사람일까?

"빈곤한 사람은
조금만 가진 사람이 아니고

욕망이 끝이 없으며
아무리 많이 소유해도
만족하지 않는 사람이다."

여기
소유한 것은 없지만
빈곤하지 않으며

많은 사람으로부터
신뢰 받고 사랑 받는
사람이 있다.

 만약 대통령이 된다면 가장 먼저 어떤 일을 하고 싶나요?

"사람들은 나를
미친 괴짜 늙은이라고 합니다."

이름 : 페페
성별 : 남자
나이 : 80대
재산 : 230만 원짜리 중고차 한 대
직업 : 대통령

직업이 대통령인데
재산이 230만 원짜리 중고차 한 대뿐?

그의 이름은 호세 무히카
하지만 늘 애칭인 페페로 불린다.

1935년 5월 20일, 우루과이에서 출생.

1970년대에 군사 정권이 들어서자
독재에 맞서 싸우다 감옥에 갇혔다.

14년 후 우루과이가 민주화가 되면서
비로소 자유의 몸이 되었다.

감옥에서 풀려난 그는
가난의 굴레에서 벗어날 수 없는
이웃들을 보면서
우루과이의 대통령이 되겠다고 결심한다.

"가난으로부터 사람들을 구제해야 돼."

세월이 흘러 우여곡절 끝에
2010년
드디어 대통령이 된다.

지금이 내가 할 수 있는 일을
할 때라고!

160

대통령이 된 페페는 가장 먼저

소득이 많은 사람들에게서 세금을 더 걷어

극빈층을 위해 집 짓는 일을 시작했다.

그리고

가난을 물리치기 위해

모두에게 일할 수 있는 기회를

주는 정책을 펼쳤다.

그리고 모든 정책에서

가장 중요하게 생각했던 것은

사람.

극빈층 : 몹시 가난한 계층

그는 대통령의 권위를 내세우는 대신
국민과 함께하는 삶을 선택했다.
"대통령과 국민 사이에는 거리가 없어야 합니다."

대통령 궁을 노숙자 쉼터로 개방하고
소형 아파트 크기의 허름한 집에서 생활하는
대통령.

이름 대신 애칭 페페로 불리는
호세 무히카 우루과이의 대통령.

매달 자신이 받는 대통령의 월급 중 90%를
NGO 단체에 기부하고
용돈을 벌기 위해 남는 시간에
텃밭에서 채소를 기르는 대통령.

★
★★ NGO(non-governmental organization) :
정부와 관련 없는 민간 단체. 하는 일은
단체마다 다르다.

가사 도우미도 요리사도 없이
부인과 직접 요리를 해 먹는 대통령.

"페페는 이웃집 할아버지 같아요."

163

대통령과 국민들이 똘똘 뭉친 결과
우루과이의 경제 상황은
조금씩 나아지기 시작했다.

유럽발 경제 위기의 어려움에도
4%대의 경제 성장률을 보였고
빈곤 타파를 위한 일자리 창출과
의료보험 개혁 등의 성과를 이루었다.

_(우루과이 최대 노동조합 연합 PIT-CNT)

IMF(International Monetary Fund) :
국제 통화 기금. 외환 흐름이 좋지
않은 나라에 기금을 빌려 주는 기구

우루과이의 GDP는 세계 74위

_(IMF 기준, 2013)

GDP(Gross Domestic Product) :
일정 기간 동안 한 나라의 국민이
국내외에서 생산한 재화와 용역의 합

하지만

부패 인식 지수로 평가하는

국가 투명성 지수는

OECD 평균보다 높은

174개국 중 19위(2013년 기준).

OECD(Organization for Economic Co-
operation and Development) : 34개국의
선진국이 회원인 경제 협력 개발 기구로
우리나라는 1996년에 가입했다.

그리고 국민들이 보내오는

따뜻한 공감과 무한 신뢰.

"우루과이 내에서 이런 대통령은

처음이자 마지막일 거예요."

| 호세 무히카

대통령 페페
"욕심을 버려야 부자가 된다."

우루과이의 페페 할아버지는 2010년 3월 1일 5년 임기의 대통령직을 시작했어요. 원래 이름이 호세 무히카 코르다노인, 페페 할아버지는 1960년대에 자유를 위해 활동한 열성적인 운동가였어요. 때문에 1970년대에 군사 정권이 들어선 후 14년간 감옥에서 지내기도 했지요. 1985년 석방된 후부터는 민중 참여 운동을 하던 페페 할아버지는 1994년 하원 의원이 되면서 정치가로 활동하기 시작했어요. 2010년 6월 우루과이 정부가 공개한 것에 따르면 대통령인 페페 할아버지가 소유한 재산은 1987년식 자동차 한 대뿐이라고 해요. 이때부터 전 세계에서 가장 검소한 생활을 하는 대통령으로 유명해졌어요. 실제 페페 할아버지는 동네 평범한 음식점에서 식사를 하고, 직접 변기 뚜껑을 사러 다니고, 운동장에서 아이들이 하는 축구를 보면서 응원을 하기도 한대요. 우루과이 사람들은 이런 서민적이고 소탈한 인상을 주는 페페 할아버지, 그러니까 무히카 대통령에게 많은 신뢰와 애정을 가지고 있답니다.

세금을 통한 부의 재분배

세금이란 국가 살림에 쓰기 위해서 국민들에게 걷는 돈을 말해요. 우리가 집에서 생활을 하는 데 돈이 필요한 것처럼 국가를 유지하고 국민들을 보호하기 위해서는 돈이 필요해요. 정부는 세금으로 도로, 신호등, 지하철, 다리, 보건소, 도서관, 박물관, 놀이터, 공원 같은 공공 시설을 만들고 공무원에게 월급도 지급해요. 세금의 중요한 역할 중 하나는 부의 재분배예요. 세금은 많이 가진 사람들이 자신의 부를 사회에 환원하도록 해 주어요. 돈을 많이 벌거나 재산이 많은 사람이 적은 사람보다 세금을 많이 내는 거지요.

정부는 그렇게 걷은 세금을 가난한 사람들을 위해 사용해요. 주택을 지어 소득이 적은 사람들이 싼값에 이용할 수 있도록 하고, 기본적인 생활을 할 수 있도록 생활비를 지급하기도 해요. 학생들에게 무료 급식 혜택을 주기도 하고, 어려운 사람에게 교육비를 지원하기도 하지요. 가난한 사람들은 세금 덕분에 무료 혹은 저렴한 비용으로 의료 기관을 이용할 수도 있어요.

자선 사업과 기부 문화

공부를 하고 싶지만 가난해서 공부를 할 수 없거나 몸이 아파 수술을 받아야 하지만 돈이 없어서 치료를 받지 못한다면 어떨까요? 교육을 받지 못해서 직업을 구하기 힘들다면요? 이렇게 돈이 없어서 많은 것을 포기해야 하는 사람들을 위해 기업의 수익금 중 일부를 사회에 환원하는 기업들이 있어요. 이 기업들은 재단을 만들어 장학금을 지급하고, 병원 치료비를 지원하면서 그들을 도와요.

일반인들 중에도 다른 사람들을 위해서 기부하는 사람들이 많아요. 모두가 함께 살아가는 사회라는 생각을 하기 때문이에요. 많이 가져서가 아니라 나보다 어려운 사람을 위하여 가진 것을 나누는 것이지요. 어려운 이웃을 위해 소수의 사람이 많은 돈을 쓰는 것보다는, 많은 사람들이 조금씩이라도 나누는 것이 더 큰 의미가 있어요. 모두 함께 살아가야 한다는 생각은 사회적으로 지나치게 가진 자와 가난한 자로 나뉘는 것을 막아 주어요.

소중한 지구를
살리는 경제

다시
자연으로

15 나무 껴안기 운동, 〈칩코의 여인들〉

★ 숲은 지구가 품은 모든 것을 보존한다

오늘도 개발이라는 이유로 세계 곳곳에서 숲이 훼손되고 있다.
하지만 숲을 지키기 위해 온몸을 던지는 사람들도 있다.
인도의 히말라야 깊은 숲 속에서 일어난
'나무 껴안기 운동'에 대해 알아보자.

나무들은
난 대로가 그냥 집 한 채.

새들이나 벌레들만이 거기
깃들인다고 사람들은 생각하면서
까맣게 모른다.

자기들이 실은 얼마나
나무에 깃들여 사는지를!

_《나무에 깃들여》, 정현종)

숲이 나에게 무언가를
주고 있다고
느껴 본 적이 언제였니?

 우리 집에서 가장 가까운 숲은 어디인가요?

인도의 히말라야 깊은 산 속.

평원으로 일을 나간
남자들 대신

열매를 따고 산나물을 캐고
약초를 뜯고 땔감을 주우며
숲에 의지한 채 살아가는
여자들이 있다.

지참금 : 신부가 시집갈 때 친정에서
가지고 가는 돈

그리고
지참금이 없어 버림받는 딸,
남편의 폭력을 피해 온 어머니,
여성이라는 이유로 학대 받다 도망친 소녀 등
갈 곳 없는 이들이 숨어 지낼 수 있는
유일한 안식처는

바로 숲이다.

어느 날
한 무리의 남자들이
갑자기 숲으로 들이닥쳤다.

그리고 남자들은 우람한 손으로
도끼를 휘두르며
나무를 베기 시작했다.

그러자

이 소식을 듣고 달려온 여자들은

양팔을 벌려 나무를 껴안고서

온몸으로 벌목꾼의 도끼를

막아서기 시작했다.

벌목꾼 : 나무를 베는 일을
직업으로 하는 사람

"나무를 베려거든 나의 등을 베시오."

여자들의 목소리는 연약했지만

그 무엇보다 강력했다.

무엇을 지키려고 한 것일까?

당신들이 이 나무가
하는 일을 알기나 해?

"어리석은 여자들아,

이 숲의 가치를 알기나 해?

숲이 무엇을 품고 있는지 아냐고?

숲은 송진과 목재를 생산하는 곳이야."

그러자 여자들은 대답했다.

"숲이 무엇을 품고 있냐고?

땅,

물,

맑은 공기.

그리고 땅, 물, 맑은 공기는

지구와 지구가 품은 모든 것을 보존하지."

숲을 향한
간절한 마음으로
나무를 껴안은 손을 놓지 않았던
여자들.

결국
철수한 벌목공들.

벌목꾼은 돌아갔지만
앞으로도 숲을 지킬 수 있을까?

1973년 3월 23일 발생한

이 사건을 계기로

비폭력 벌목 반대 운동이 시작된다.

'칩코 안돌란'

힌디어로 '나무 껴안기 운동'이라는 뜻이다.

이후

반다나 쉬바 등

여성 생태학자들이 참여하며

'나무 껴안기 운동'은 급속도로 확산되어

> ★★ 반다나 쉬바(1952~) : 인도의 여성.
> 환경 운동가. 또 하나의 노벨 평화상이라
> 불리는 바른 생활상 수상

오래된 원시림을 개발하려는

정부 그리고 벌목 업체와 맞서서

비폭력 환경 운동을 벌이게 된다.

"숲이 재생될 수 있는 범위 내에서
임산물을 채취하자."

임산물 : 산림에서 나는 물품

'나무 껴안기 운동'은
자연을 파괴하는 개발이 아닌
산림을 적절하게 이용하는
산림 이용 철학을 강조했다.

숲의 지속적인 이용과 보존을
납득시킨 끝에
1976년 산림 36만ha에 대한
10년간 벌채 금지 명령을 받아내는 성과를 거뒀다.

벌채 : 나무를 베어 내거나
깎아내는 일

숲은
우리에게 무엇을 주고
우리는
숲에게 무엇을 주어야 할까?

나무 껴안기 운동 - 칩코 안돌란

"벌목꾼이여 내 말을 들어 보시오.

아름답고 푸른 나무와 숲의 이야기를 들어 보시오.

나무를 잘라 흉한 모습으로 만들지 마시오.

푸르고 싱그러운 나뭇잎들을 말라 시들어 죽게 하지 마시오.

벌목꾼이여 숲은 우리에게 물이요, 식량이요, 생명이라오."

인도에서 출발한 벌목 반대 운동인 칩코 안돌란, 여기에 참여한 운동가들이 시위를 벌일 때 부르던 노래 가사예요. 1973년 3월 인도의 테니스 라켓 제조 회사인 사이몬사는 산간 마을 고페쉬왈로 벌목 인부들을 보냈어요. 테니스 라

켓을 만들 때 사용할 호두나무와 물
푸레나무들을 벌목하기 위해서였지
요. 가난한 산간 마을 고페쉬왈의 남
자들은 모두 도회지로 일을 하러 나
가고 마을에는 여자들만 남아 있었
어요. 마을 여자들은 벌목 예정지에
몰려가서 벌목 대상 나무들을 하나
씩 껴안고 "나무를 베려면 나의 등을
먼저 도끼로 찍어라!"고 소리치며 시
위를 벌였어요. 결국 인부들은 벌목
을 포기하고 돌아갔고 고페쉬왈 마
을의 숲은 살아남게 되었지요. 이 사

| 칩코 안돌란 운동을 했던 당시 사람들(상)
30년 후 2004년 생존해 있는 사람들(하)

건을 계기로 힌디어로 '나무 껴안기'라는 의미를 지닌 비폭력 평화 운동인 '칩코 안돌란 운동'이 탄생되었어요.

자원이란?

사람들의 생활에서 가치 있게 쓰이는 모든 것을 자원이라고 해요. 우리는 매일 자원을 이용하면서 살고 있어요. 밥, 과자, 옷, 연필, 책……. 옛날에는 땅, 물, 석유, 금속처럼 자연에서 얻을 수 있는 천연자원만 자원이라 생각했어요. 하지만 오늘날에는 자원의 의미가 많이 넓어졌어요. 사람의 노동력, 기술, 아이디어나 종교, 전통 같은 문화까지도 자원에 포함되지요. 사람의 노동력, 기술, 아이디어, 능력 등을 인적 자원이라고 하고 종교나 문화 유산, 영화, 음악, 전통 등을 문화 자원이라고 해요. 넓은 의미에서 모두 자원에 포함되지요.

있는 자원, 없는 자원

우리나라에는 천연자원이 많지 않아요. 대부분의 자원을 수입해서 사용하고 있지요. 하지만 건물을 지을 때 사용하는 시멘트를 만드는 석회석이나 연탄의 원료인 무연탄은 비교적 풍부해요. 예전엔 철의 원료인 철광석을 캐는 광산도 있었어요. 하지만 요즘은 철을 모두 외국에서 수입을 하고 있어요. 식량은 어떨까요? 우리나라는 곡물의 75%를 외국에서 수입해요. 주식인 쌀은 충분하지만 밀가루, 옥수수, 콩 같은 식품은 대부분 수입해서 사용하지요.
한편 우리가 가장 많이 사용하는 자원인 석유는 우리나라에서 생산되지 않아요. 기름 한 방울 안 나오는 우리나라는 원유의 70~80%를 중동산 두바이유로 수입해요. 그런데 문제는 석유 사용량이 너무 많다는 점이에요. 우리나라의 석유 수입량은 세계 4위, 석유 소비량은 세계 7위예요. 그래서 원유 가격이 경제에 큰 영향을 미쳐요. 우리 모두 석유나 가스를 아껴서 사용해야겠지요?

16 소중한 물의 흐름, 〈물 발자국〉

★ 보이는 물, 보이지 않는 물

우리는 물이 소중하다는 의식을 하지 못한 채 일상적으로 물을 쓴다.
내가 하루에 사용하는 물의 양은 얼마일까?
씻고, 마시는 것만이 내가 쓰는 물의 전부일까?
보이지 않는 곳에서 사용되고 있는 물의 이야기를 들어 보자.

지구상에 존재하는 물의 총량은
약 13억 6000만㎦,
그중 97.2%가 찬 바닷물이고
2.15%가 빙하와 얼음이다.
단 0.65%만이 호수, 강, 지하수 등의
담수다.

우리는 지구상에 있는 물 중에서
0.65%에 의존해서 살고 있다.

_〈두산백과〉

담수 : 강이나 호수와 같이 염분이 없는 물.
사람들이 마시고 사용할 수 있는 물이다.

 나는 하루 동안 얼마의 물을 사용할까요?

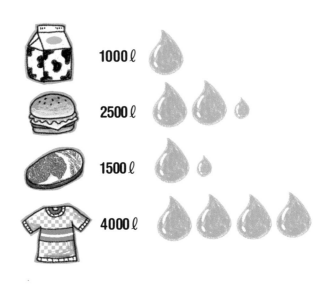

우유 1곽 = 1000ℓ

햄버거 1개 = 2500ℓ

소고기 1kg = 1500ℓ

티셔츠 1장 = 4000ℓ

우리가 흔히 사용하는 것들의
가상수이다.

그런데 가상수란?

어떤 제품이 생산될 때까지 사용되는
물의 총량을
'가상수(Vitual Water)'라고 한다.

그리고
사람이 직접 마시고 씻는 데 사용한 물에
음식이나 제품을 만드는 데 사용하는
가상수를 합친 것을
'물 발자국'이라고 한다.

가상수와 물 발자국은
결국 사람들이 엄청난 양의 물을
사용하고 있다는 것을 보여 준다.

물 발자국 : 1980년대 런던 킹스 칼리지의
토니 앨런 교수가 만든 개념.
사람이 직접 사용한 물에다 음식이나 제품을
만드는 데 사용되는 가상수를 합친 총량

커피 한 잔을 만드는 데는
눈에 보이는 물만 사용한 것이 아니다.

커피나무를 심고
커피콩을 재배하고
커피콩을 볶는 등에도
물이 사용되었다.

커피 한 잔의 물 발자국은
한 잔에 담긴 물에
커피 가루를 만들기까지 들어간
가상수를 합해야 한다.

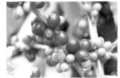

그리고
가상수의 단순한 합계보다
더 중요한 것은
어느 지역의 물을 어떻게 사용하는가이다.

다국적 기업들은
자원이 풍부하고 임금이 싼
아시아나 아프리카에 공장을 세운다.

인도에서 콜라 1ℓ가 생산될 때마다
생산 지역의 물을 9ℓ씩 소비한다.

인도에서 콜라가 생산된 지
수십 년 만에
생산지 주변의 지하수는
100여 미터나 낮아지고
주변 마을의 우물은 260개나
말라 버렸다.
그리고 쌀 수확량은 10%나 감소했다.

2007년
대한민국의 1인당 하루 물 사용량은 320ℓ.
독일보다는 많지만
미국, 노르웨이, 스웨덴보다 적은 양이다.

그런데
가상수 수입량을 기준으로 보면 달라진다.
대한민국은 수입 의존도가 78%에 이르는
세계 5위의 가상수 수입 국가이다.

혹시 우리의 물 사용으로
누군가의 우물이
마르고 있는 것은 아닐까?

독일의 1인당 하루 물 사용량은 121ℓ
한국의 1인당 하루 물 사용량은 320ℓ

320ℓ는 2ℓ 병으로 160개의 양이다.

수도에서는 물이 펑펑 나오고
정수기를 통해 언제나
깨끗한 물을 마실 수 있기 때문에
우리는 물의 소중함을
느끼지 못하고 산다.

우리나라 1인당 하루 물 사용량(2007년)
2ℓ 병 × 160개＝320ℓ

독일의 수도 요금은
우리나라의 4~5배에 달한다.
_(환경부 세계 물의 해 자료집, 2003)

지금 우리는 저렴하고 편리하게
아무 데서나 쓸 수 있는

그러나 없으면
누구도 생명을 유지할 수 없는 물.

소중한 것이기 때문에
소중하게 대접 받아야 하는

고마운 물.

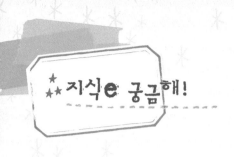

생명의 근원, 물

물은 우리가 살아가는 데 반드시 필요해요. 인
체의 70%는 물로 이루어져 있고 12%만 줄어도
죽을 수 있지요. 물은 사람뿐만 아니라 지구 상
의 모든 생명체와 직접적인 연관이 있어요. 때
문에 누구도 물의 소중함을 부인할 수는 없을
거예요. 설사 그 소중함을 거의 잊고 지낸다고 해도 말이죠.

세계에는 물이 부족해서, 깨끗한 물을 구할 수 없어서 병에 걸리고 죽어가는
사람들이 있어요. 우리나라도 곧 물이 부족해질지 모른다고 걱정하는 사람들
이 많아요. 하지만 일반인들은 아직까지 잘 느끼지 못하고 살고 있어요. 수도
만 틀면 물이 펑펑 쏟아져 나오고 정수기에서는 냉수, 온수, 얼음까지 나올 정
도로 편리하게 물을 사용하고 있으니까요.

우리나라는 연평균 강수량은 많은 편이에요. 그런데 강수량이 주로 여름에 집
중되어 있고, 면적 대비 인구 밀도가 높기 때문에 사용할 물이 풍부하다고 할
수는 없어요. 우리나라 1인당 총 강수량은 세계 평균의 8분의 1 수준밖에 되
지 않아요. 그런 이유로 OECD 국가들 중에서 물 부족 문제가 가장 심각한 나
라가 우리나라라고 해요. 일차적으로 우리가 마시고 생활하는 데는 불편함
이 없지만 농사를 짓거나 산업 활동을 유지할 때는 물 부족으로 인한 스트레
스 지수가 높은 곳이 우리나라예요. 머지않아 우리도 물이 부족해 큰 불편을
겪을 수 있다고 경고하는 목소리가 높아요. 없으면 절대로 살아갈 수 없는 물,
이제라도 소중하게 생각해야 하지 않을까요?

보이지 않는 물, 가상수

우리는 많은 곳에서 물을 사용해요. 우리가 생활하는 모든 곳에서 물을 필요로 해요. 물은 직접 마시고 사용하는 물 외에도 쓰이는 곳이 많아요. 예를 들어 쌀이 생산되어 소비자에게 전달되는 유통 과정을 살펴볼까요? 벼가 자랄 때는 내리는 빗물 외에도 필요에 따라 지하수나 강물 등 별도의 물을 공급해야 해요. 비는 가끔 오지만 벼가 자라는 내내 논은 거의 물에 잠겨 있어야 하기 때문이에요. 쌀을 수확한 후에 가공과 유통 과정에서도 지하수, 수돗물을 사용하지요. 또 소비자에게 전달된 후에는 조리를 하는 과정에서 수돗물이나 생수를 사용하게 돼요. 말하자면 생산에서 소비에 이루는 전 단계에서 물이 사용되는 거예요.

쌀뿐만 아니라 우리가 먹고, 마시고, 사용하는 모든 제품들이 정도의 차이는 있겠지만 모든 과정에서 물을 사용하고 있어요. 결국 우리는 직접 사용하는 물보다 훨씬 더 많은 양의 물을 사용하며 살아가고 있는 거예요. 이중 생산 과정에 소비되는 물을 '가상수'라고 불러요.

가상수는 1998년 토니 앨런(Allan. J.A) 교수가 물에 대한 경각심을 높이기 위해 만들어 낸 개념이에요. 농산물과 계란, 소고기, 닭고기 등의 축산물, 그리고 공산품 등 모든 제품이 만들어질 때까지 사용되는 물의 양을 말해요.

물 발자국

가상수가 상품을 생산하는 과정에서 사용된 물을 말한다면 '물 발자국'은 어떤 '제품을 생산해서 사용하고 폐기할 때까지의 전 과정에서 직접 혹은 간접적으로 사용하거나 오염시킨 물을 모두 더한 양'을 뜻해요. '물 발자국' 개념은 2002년 물 발자국 네트워크 공동 창립자의 한 사람인 네덜란드 트벤터 대학의 아아르옌 훅스트라(A.Hekstraet.al) 교수가 2002년 처음 주장했어요. 인구 중

가와 생활 수준 향상으로 물 소비와 오염 속도가 점점 빨라지는 것에 대한 우려 끝에 만들어진 개념인 것이지요.

우리나라의 가상수

세계 물 포럼 조직 위원회에 따르면 우리나라는 연평균 강수량이 1277mm로 세계 평균의 약 1.6배이지만, 높은 인구 밀도로 인해 1인당 강수량은 연간 2629㎥로 세계 평균의 16%에 불과해요. 그럼에도 불구하고 우리가 물이 부족하다는 것을 느끼지 못하는 이유는 무엇일까요? 그 이유 중 하나는 한국의 가상수 평균 사용량이 1629㎥/인(人)으로 세계 평균 가상수 사용량 1385㎥/인보다 높기 때문이에요. 우리나라는 세계 5위의 가상수 순수입국이지요. 이것은 수입을 하면서까지 많은 물을 사용하고 있다는 의미지요. 우리가 편하게 쓰는 물이 다른 나라의 소중한 자원이랍니다.

사막 위에 배가 왜 있지?

카자흐스탄과 우즈베키스탄 사이에 있는 아랄해라는 곳이 있어요. 50년 전만 해도 남한 면적의 3분의 2가 넘는 세계 4번째 호수였지만, 지금은 90%가 말라버려 소금기만 많은 사막이 된 곳이지요. '섬들의 바다'라는 뜻인 아랄해는 중앙아시아 중심부에 있어요. 이름처럼 실제로 1ha 정도의 섬들이 1000개 이상 호수에 흩어져 있었지요. 물도 많고 고기도 많아서, 배도 많고 사람도 많이 살던 곳이었어요.

그런데 1950년대 구소련이 대규모 목화 경작을 위해 아랄해로 흐르는 강에 운하를 만들어 수량의 절반을 그곳으로 흐르도록 틀었고, 강 중상류에 세워진 댐들이 물을 가두면서, 아랄해는 하얀 모랫바닥을 드러내기 시작했어요. 1960년 6만 8000㎢, 깊이 20~25m였던 곳이 1987년에는 면적이 40%나 줄었다고 해요. 물이 줄자 호수의 물은 염분과 광물질 함유량이 급속히 늘어나 음료수로는 사용할 수 없게 됐고, 예전에 풍부했던 철갑상어·잉어·유럽잉어 등의 어류는 멸종 위기에 놓여 고기잡이도 할 수 없게 됐어요. 그러다 최근에는 대부분이 사막화되었으며 약 10% 정도만 물이 남아 있다고 해요.

물 때문에 국가 간 분쟁이 일어날 수도 있을까?

물 때문에 국가 간 분쟁이 일어날 수도 있을까요? 답은 '그렇다'예요. 세계에서 가장 긴 강인 아프리카의 나일강은 길이 6700km로 9개국에 걸쳐서 자리하고 있어요. 이집트와 수단은 나일강의 사용 권한을 놓고 긴 논쟁을 벌이다가 가까스로 타협을 보았어요. 최근에는 에디오피아도 나일강의 사용권을 주장하고 나서서 국가 간 긴장 상태가 고조되고 있어요.

이스라엘도 점령지인 팔레스타인 서안 지구 지하수의 85%를 끌어다 쓰면서, 팔레스타인 주거지로 통하는 수도관을 막고 제한 급수를 하고 있어서 팔레스타인과 갈등을 빚고 있지요. 캐나다 시민 단체인 '캐나다 시민 회의'는 한 보고서에서 '과거에는 석유를 생산하는 나라들이 석유 자원을 무기로 삼았지만 머지않아 물이 풍부한 국가들이 물을 무기화할 것'이라고 예상했대요.

〈물을 절약할 수 있는 방법〉

- 양치질을 할 때 컵을 사용한다. 양치질할 때 물을 틀어 놓지 않고 컵에 물을 담아서 이용하면
  사용하는 물을 70~80% 정도 줄일 수 있다.
- 샤워 시간을 줄이고, 샴푸나 린스는 되도록 적게 쓴다.
- 빨래는 모아서 한 번에 하고, 친환경 세제를 사용한다.
- 설거지통을 사용한다.
- 절수형 변기를 사용하거나 물탱크 안에 물을 담은 페트병이나 벽돌을 넣어 둔다.
- 육식 위주의 식습관을 바꾼다. 고기를 생산하기까지 많은 물이 필요하다.
  또 소는 많은 양의 탄산가스를 배출해서 환경을 파괴한다. 고기를 너무 많이 먹지 않도록 한다.
- 물을 필요한 만큼만 사용한다.
- 우유, 콜라, 국물을 하수구에 버리지 않는다.

17 가장 소중한 자산,
⟨숲, 물, 공기⟩

★ 자연의 가치는 얼마일까?

우리는 매일 지구가 준 자원을 별 생각 없이 사용한다.
그것도 공짜로!
만일 자원 사용에 대한 대가를 돈으로 지불해야 한다면?
늘 사용하던 공기, 물, 나무들을 이전과 같이 대할 수 있을까?

상수리나무와 작은 졸참나무 사이로
바람이 새들의 노래 소리를 실어 나르는 언덕
일본 도쿄와 사이타마 현의 경계에 위치한
사야마 숲.

미야자키 하야오 감독의 걸작 애니메이션
〈이웃집 토토로〉의 배경이 되어
'토토로의 숲'이라 불리는 숲.

생각해
보기 내가 오늘 사용한 자연의 가치는 얼마일까요?

1990년

도쿄의 주택 부족 문제를 해결하기 위해

사야마 주변 숲을 개발하는 계획이 발표되자

많은 사람들이 반대를 하고 나섰다.

"이 숲을 지키지 못하면

토토로의 고향이 영원히 사라져 버릴 거야!"

토토로의 숲을 지키기 위해

1년 반 동안

1만 명이 넘는 사람들이

모금을 했고

그중 40%는 초등학생과 중고생이었다.

결국
시민들의 간절함이 담긴 기부금으로
'토토로의 고향 기금 위원회'는
땅을 사들였고
360평의 숲은 그대로 남아
도심 한가운데서
다시 숨을 쉬기 시작했다.

만약 숲이 사라졌다면
토토로와 친구들은 어디로 갔을까…….

Forever

For everyone

내셔널 트러스트.

시민들의 자발적인 모금을 통해
보존 가치가 높은
자연환경과 문화유산을 지켜 나가기 위한
시민 운동이다.

국가도, 기업도
그 누구도
지켜 주지 않을 때

자연은
누군가의 것이 아니라
모두의 것이 된다.

그래서 100년이 넘는 기간 동안
전 세계의 내셔널 트러스트 회원들은
자연과 문화유산을 지켜 왔다.

2011년 대한민국.

고운 모래가 만드는
깨끗한 물줄기
낙동강으로 흘러드는 유일한 1급수
내성천.

개발이라는 이름으로
물길을 가로막는 차가운 벽이 세워지고
모래강 위로 기계들이 들어섰다.

강을 터전으로 살아가던 작은 생명들은
그저 강의 마지막을 지켜볼 수밖에 없었다.

이곳은 낙동강을 살릴 수 있는
유일한 강이며
후손에게 물려줘야 할
국보급 생태계이자 자연유산이다.
_(한스 베른하르트, 독일 카를스루에 공대 교수)

그러자 사람들은
터전을 잃어버린 생명을 위해
자연을 잃어버릴 후손을 위해
한 사람당 한 평씩 땅을 사기 시작했다.

'내성천 한 평 사기 운동'

2012년 2월
운동이 시작된 지 7개월 만에
600명의 시민이 동참했고
내성천이 지켜졌다.

평 : 땅 넓이의 단위.
한 평은 3.3㎡이다.

먼 훗날 우리 아이들에게
꼭 보여 주고 싶었던 아름다운 이 강을
너희 엄마, 아빠가 지켜 왔다고
말할 수 있는 날이 오지 않을까요?
_(한 평 사기 운동에 참여한 아이 엄마)

내셔널 트러스트란?

'내셔널 트러스트'는 보존 가치가 있는 자연이나 문화유산을 무분별한 개발로부터 보호하기 위해서 시민들이 직접 돈을 모아 구입하는 운동을 말해요. 산업 혁명이 한창이던 1894년, 영국 북부의 윈더미어 호수가 있는 '호수 마을'에 철도를 놓는다는 계획이 발표됐어요. 호수 마을 출신의 시인 윌리엄 워즈워스는 〈모닝포스트〉 신문에 "철도를 건설하면 호수가 오염되어 환경이 파괴될 것이다."라는 글을 실었어요. 이 글에 공감한 사람들은 열렬하게 철도 건설 반대 운동을 펼쳤고 결국 철도는 호수를 지나지 못하게 됐지요.

이 사건을 계기로 1895년 '내셔널 트러스트'가 설립되었어요. 한 사람이 1만 파운드를 내는 것보다, 1만 명이 1파운드씩 기금을 내는 것이 더 의미가 있다는 주장대로 노동자부터 부유층까지 후원금을 내 적극적인 자연보호 운동을 펼쳤어요. 이렇게 19세기부터 시작된 영국 내셔널 트러스트는 100여 년이 흐른 지금 약 250만 명의 회원이 활동하는 세계 최대의 환경 보호 단체가 되었어요. 600km가 넘는 아름다운 해안을 비롯해 22만ha의 토지와 성, 300여 개의 역사적 가치가 있는 건물 등 막대한 자산을 보유하고 있답니다. 내셔널 트러스트의 정신은 전 세계로 뻗어나가 미국, 캐나다, 호주 등에서도 설립되어 활동 중이에요. 우리나라도 1990년대 초반에 활동을 시작했어요.

한국의 내셔널 트러스트 활동

우리나라의 내셔널 트러스트 운동은 광주의 '무등산 공유화 운동'을 계기로 시작되었어요. 2000년에 정식으로 (사)한국내셔널트러스트 모임이 만들어졌는데, 국토의 1%를 소유하는 것을 목표로, 1000명이 넘는 회원이 내셔널 트러스트로 활동을 하고 있지요. 지금은 시민 자연유산 제1호 강화 매화마름 군락지와 문화유산 제1호 최순우 고택을 소유하고 있어요. 자산은 모두 시민들의 자발적인 기금으로 만들어졌고 더 많은 곳을 보호하기 위해 모으고 있지요.

〈강화 매화마름 군락지〉 매화마름은 자연환경 보전법에 의해 멸종 위기 식물로 지정된 수생 식물이에요. 예전에는 도심에서 채집될 정도로 흔한 물풀이었지만 연못과 습지가 파괴되면서 서해안 일부 섬에서나 찾아볼 수 있는 희귀한 꽃이 되었어요.

〈최순우 고택〉 조선 말기 선비의 운치를 그대로 가지고 있는 최순우 고택은 성북구에 자리잡고 있어요. 다세대 주택 건설 등으로 사라질 위기에 놓였을 때 한국 내셔널 트러스트에서 시민 문화유산 제1호로 사게 되었답니다.

자연의 경제적 가치는?

우리가 주변에서 누리고 있는 자연의 경제적 가치는 얼마일까요? 영국 BBC에서 발표한 자료를 보면 자연이 지닌 가치를 돈으로 환산하면 수십억 파운드에 이른다고 해요. 1파운드가 약 2000원이라고 가정하면, 최소 2조원 이상의 가치를 갖고 있다는 뜻이에요.

이렇게 엄청난 자연의 경제 효과를 무시하고, 마구잡이로 개발을 한다면 우리는 엄청난 손해를 보게 될 거예요. 특히, 자연은 한 번 훼손하면 복구하기가 매우 어려워요. 비용도 비용이지만 시간도 오래 걸린답니다. 그래서 개발에는 충분한 검토와 숙고가 필요답니다.

1. 생명과 환경

생명의 탄생과 흐름, 나와 가족, 공동체에 대한 다양한 주제들을 다루어 세상에 대한 바른 시선과 다양한 지식을 제공해 준다. '태어날 때 이미 3억의 경쟁자를 이긴 게 바로 나?', '안아 주는 것만으로 생명을 살릴 수 있다?', '베풀고 살면 몸이 건강해진다?', '햄버거 때문에 지구가 위험하다?', '평생 고기를 먹지 않은 사자가 있다?' 등의 재미있는 이야기를 통해 자존감을 높여 주고, 나와 가족과 사회를 생각하게 해 주고, 더불어 살아가는 지혜를 일깨워 준다.

값 12,000원 ISBN 979-11-86082-33-1(64300)

2. 경제의 이해

경제란 무엇인지 알게 해 주고, 어린이들이 올바른 경제관념을 갖도록 해 준다. 단순히 물건을 사고파는 일 외에도, 모든 일상의 활동이 경제와 어떻게 관련돼 있는지 흥미롭게 알려 준다. '2000만 마르크로 살 수 있던 게 고작 빵 한 덩이?', '물가의 마술에 걸려 오르락내리락하는 돈의 가치?', '배도 그물도 없이 고기를 낚는 어부들이 있다?', '새 옷 한 벌 때문에 서재를 통째로 바꾸었다?', '먹을거리 3km 다이어트로 푸드 마일을 줄인다?' 등의 내용을 재미있게 알아볼 수 있다.

값 12,000원 ISBN 979-11-86082-34-8(64300)

3. 소중한 문화유산

우리 얼이 담긴 문화재, 나라를 위해 삶을 바친 위인들, 되새겨야 할 역사적 사건들을 담아 우리의 문화유산이 어떻게 지켜졌는지, 어떤 면에서 우수한지 알려 주며 문화적 자긍심을 키워 준다. '전 재산을 걸어 낡은 것들을 모은 바보가 있다?', '최초의 국어사전을 만들게 한 말모이 작전은 무엇?', '묻고 듣는 것이 세종대왕의 특별한 능력이라고?', '경부고속도로가 세운 세계적인 기록은?' 등의 해답을 찾아가는 사이 '왜', '어떻게' 우리 것들이 만들어지고 위기 속에서 이어져 왔는지 알 수 있을 것이다.

값 12,000원 ISBN 979-11-86082-35-5(64300)

4. 함께 사는 사회

전쟁과 자연재해, 기후 변화 등 국제 사회에서 벌어진 다양한 사건들을 다루며, 지구촌의 이웃과 더불어 살기 위해 무엇을 나눠야 할지 고민하게 한다. 또한 나눔을 실천하는 국제기구를 알아가면서 서로 도우며 살아가는 방법을 배울 수 있다. '가난한 환자를 직접 찾아가는 병원 열차가 있다?', '회색늑대가 사라진 숲이 왜 황폐해졌을까?', '의학 교육을 무료로 시켜 주는 나라가 있다?', '1069명의 아이를 구한 유모차 공수 작전이란?', '핵폐기물이 안전해지기까지 10만 년이 걸린다고?' 등의 답을 찾을 수 있다.

값 12,000원 ISBN 979-11-86082-36-2(64300)

5. 꿈과 진로

행복한 인생의 필수 요건인 꿈과 직업에 관한 이야기를 담아 자신의 꿈을 발견하고 이를 직업으로 실현시키기까지 어떤 과정을 거쳐야 하는지 알려 준다. 힘든 상황에서도 포기하지 않고 자신의 꿈을 현실로 만든 사람들의 이야기를 통해 바람직한 삶의 자세를 배울 수 있다. '거짓투성이 책의 작가가 빅토르 위고?', '사물의 몸과 마음으로 들어가는 신비한 능력?', '대학 중퇴자가 최고의 CEO가 될 수 있었던 비밀은?', '600년 전통 명문 학교의 주요 과목이 체육?' 등의 내용을 재미있게 만날 수 있다.

값 12,000원 ISBN 979-11-86082-37-9(64300)

'5분의 메시지'로 생각하는 힘을 기른다!

생각하는 힘을 키워 주는 『어린이 지식ⓔ』는
아이들에게 책 한 권의 지식을 넘어, 지혜를 자라나게 해 줍니다.

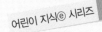
어린이 지식ⓔ 시리즈

6. 역사와 인물

문명을 발전시킨 도구와 사회를 바꾼 사건과 인물들을 소개한다. 인류 문명의 발전을 가져온 재미난 이야기와 다양한 정보는 역사에 대한 흥미를 불러일으키고, 우리의 일상을 만들고 변화시켜 온 살아 있는 역사를 만나게 해 준다. '인류의 발전은 두 손에서 시작됐다?', '1582년 로마의 달력에서 열흘이 통째로 사라졌다?', '지구가 돈다는 사실을 증명해 낸 것이 교수의 장난감?', '18세기 사람들은 이슬이 나비가 된다고 믿었다?', '왜 나폴레옹은 자신을 그린 화가를 미워했을까?' 등의 궁금증을 풀 수 있다.
값 12,000원 ISBN 979-11-86082-38-6(64300)

7. 창의적 도전

세상을 새롭게 변화시킨 사람들의 새로운 발상과 상상력을 소개해, 어린이들의 창의적인 사고력을 키워 준다. 생각을 일깨워 주고, 바꿔 주고, 다르게 생각하도록 영감을 주는 이야기는 '사물을 어떻게 바라보고, 어떤 방식으로 생각할 것인가?'라는 것을 깊이 생각하게 한다. '청중들의 소음만으로 이루어진 음악이 있다?', '변기를 전시하면 예술 작품일까? 아닐까?', '꽃과 열매 그림이 멀리서 보면 사람 얼굴이라고?', '피카소가 한국 전쟁의 참상을 그린 이유는?' 등의 이야기를 만날 수 있다.
값 12,000원 ISBN 979-11-86082-39-3(64300)

8. 과학과 기술

과학과 기술이 어떻게 시작되고 발달해 왔는지에 대한 이야기가 실려 있다. 새로운 아이디어로 인류의 삶을 바꿔 놓은 발명 이야기를 통해 과학적인 잠재력을 깨우고, 과학에 대한 지식을 배우게 한다. '달의 뒤편으로 간 남자가 있었다?', '라이트 형제가 발명한 비행기 원리는 자전거에서 얻었다고?', '엘리베이터가 100층을 오르는 데 수만 년이 걸렸다고?', '혈액이 온몸을 한 바퀴 도는 데 1분밖에 안 걸린다고?', '강패에게 돈을 빼앗긴 곳을 알려 주는 지도가 있다?' 등 흥미로운 정보가 가득하다.
값 12,000원 ISBN 979-11-86082-40-9(64300)

9. 자연과 생태계

생태계의 신비한 이야기를 통해 동식물의 생존 법칙과 인간이 자연과 공존하는 방법을 알려 준다. 깊이 있는 자연 탐구의 기회를 주는 것은 물론 소중한 자연을 지키고 보존해야 함을 깨닫게 한다. '식물도 화가 나면 공격한다고?', '달리기에서 타조가 치타를 앞지를 수 있을까?', '생명이 있는 곳 어디에나 있는 백색 결정체는 무엇일까?', '깊고 어두운 해저 2700m, 생존의 법칙은 무엇일까?', '다람쥐의 볼에 도토리 12알을 넣을 수 있다고?' 등의 의문을 풀 수 있다.
값 12,000원 ISBN 979-11-86082-41-6(64300)

10. 다양한 가치관

어떤 가치관을 가지고 세상을 살아가야 할지 생각해 볼 수 있는 이야기가 담겨 있다. '어떻게 살아야 한다.'라는 정의를 내려 주지는 않지만 올바른 가치관을 세우기 위해 꼭 필요한 분별력을 기를 수 있다. '미국의 시내 한복판에 북한을 소개하는 식당이 있다?', '20점 만점에 10점만 넘으면 원하는 대학에 갈 수 있는 나라는?', '나의 모든 이야기를 잘 들어 주는 컴퓨터가 있다?', '글짓기를 잘하는 사람은 글쓰기를 못한다?' 등의 재미있는 이야기를 만날 수 있다.
값 12,000원 ISBN 979-11-86082-42-3(64300)